Tobias Teismann

Grübeln

Wie Denkschleifen entstehen
und wie man sie löst

Tobias Teismann

Grübeln

Wie Denkschleifen entstehen
und wie man sie löst

unter Mitarbeit von Ruth von Brachel,
Sven Hanning & Ulrike Willutzki

BALANCE **ratgeber**

Tobias Teismann:
Grübeln. Wie Denkschleifen entstehen und wie man sie löst.
BALANCE ratgeber
3., korrigierte Auflage 2018
ISBN Print: 978-3-86739-081-1
ISBN PDF: 978-3-86739-853-4

Bibliografische Information der Deutschen Nationalbibliothek
Die Deutsche Nationalbibliothek verzeichnet diese Publikation in
der Deutschen Nationalbibliografie; detaillierte bibliografische Daten
sind im Internet über http://dnb.d-nb.de abrufbar.

Lektorat: BALANCE buch + medien verlag, Köln
Umschlagkonzeption: GRAFIKSCHMITZ, Köln, unter Verwendung
eines Fotos von Marijus Auruskevicius/ shutterstock.com
Typografie und Satz: Iga Bielejec, Nierstein
Druck und Bindung: Westermann Druck Zwickau
Sprecher der Audioübungen: Matthias Grillenberger

Abbildungen auf S. 63 und S. 127: Abdruck mit freundlicher Genehmigung
von Springer Science+Business Media.
Übung auf S. 96: Abdruck mit freundlicher Genehmigung des DGVT-Verlags.

Die Arbeitsblätter zu diesem Buch können Sie unter
www.balance-verlag.de/buecher/detail/book-detail/gruebeln.html
herunterladen. Das Passwort lautet gruebel101.

Wir alle kennen Situationen, in denen wir in Gedanken versunken sind, in denen sich unsere Gedanken immer wieder um das Gleiche drehen und wir es beim besten Willen nicht schaffen, unsere Aufmerksamkeit von Erinnerungsbildern, Konflikten und Kränkungen zu lösen. Während es den meisten Menschen also nicht fremd ist, *von Zeit zu Zeit* ins Grübeln zu geraten, leiden andere unter *fortwährenden* Grübeleien, die durch kleinste Anlässe ausgelöst werden und dann schnell eine unfreiwillige, selbstquälerische und lähmende Dynamik entwickeln.

Häufiges Grübeln – in der Fachwelt auch als Rumination bezeichnet (vom Lateinischen »ruminare« = »wiederkäuen«) – wurde lange Zeit ausschließlich als eine Begleiterscheinung negativer oder depressiver Stimmung verstanden. Der Tatsache, dass niedergeschlagene oder ängstliche Menschen zu wiederkehrendem Grübeln neigen, wurde entsprechend keine große Bedeutung beigemessen. Erst Anfang der 1990er-Jahre hat die amerikanische Psychologie-Professorin Susan Nolen-Hoeksema die wissenschaftliche Auseinandersetzung mit dem Grübeln angestoßen. Sie beschäftigte sich mit der Frage, warum Frauen so viel häufiger depressiv werden als Männer. Ihre Annahme war, dass Männer und Frauen ganz unterschiedlich mit niedergeschlagener Stimmung und traurigen Erfahrungen umgehen: Während Männer sich eher ablenken, neigen Frauen dazu, das eigene Erleben genau zu analysieren. Auf diese Weise steige das Risiko, dass sich aus einer schlechten Stimmung eine länger andauernde Depression entwickle.

Mittlerweile bestätigten sich die Annahmen von Nolen-Hoeksema in zahlreichen Untersuchungen: Frauen neigen stärker zum Grübeln als Männer, und Grübeln bedingt tatsächlich eine Intensivierung negativer Stimmung. Entsprechend hat sich das wissenschaftliche Verständnis häufigen Grübelns gewandelt: Grübeln ist nicht nur eine Begleiterscheinung negativer Stimmung, sondern selbst eine wichtige *Ursache* für die Entstehung, Intensivierung und Aufrechterhaltung negativer Gefühle.

Und nicht nur dies. Zunehmend wird deutlich, dass Personen, die unter häufigem Grübeln leiden, ein erhöhtes Risiko tragen, an psychischen Störungen zu erkranken. Besonders intensiv wurde der Zusammenhang zwischen Grübeln und Depressionen untersucht. Weitere Untersuchungen beschäftigten sich mit dem Zusammenhang zwischen Grübeln und Ängsten, Schlafstörungen, Schmerzen und körperlichen Erkrankungen.

Seit circa fünfzehn Jahren wird dem Grübeln auch in der Psychotherapie vermehrte Aufmerksamkeit geschenkt. Verschiedene neue Entwicklungen im Kontext der kognitiven Verhaltenstherapie – wie beispielsweise die »*achtsamkeitsbasierte kognitive Therapie*« und die »*metakognitive Therapie*« – machen das Grübeln zum Ansatzpunkt für therapeutische Veränderung. Diesen Ansätzen ist gemeinsam, dass weniger der *Inhalt* des Denkens im Fokus steht und mehr die *Art und Weise*, wie Menschen über persönlich belastende Themen nachdenken.

Der Perspektivwechsel liefert neue Ansatzpunkte und neue Veränderungsmöglichkeiten. Beklagt ein Patient beispielsweise, dass ihn keiner seiner Kollegen mag, würde man in der »klassischen« kognitiven Verhaltenstherapie infrage stellen, ob diese Gedanken tatsächlich zutreffen, welche Anhaltspunkte für bzw. gegen diese Idee sprechen. Die neuen therapeutischen Ansätze stellen hingegen die Frage, ob der grüblerische Umgang mit dieser Idee dem Patienten hilft, sich so zu fühlen und zu verhalten, wie er es gerne möchte. Zudem werden alternative Wege des Umgangs mit belastenden Gedanken erprobt und eingeübt. An der Ruhr-Universität Bochum beschäftigen wir uns in einer Arbeitsgruppe ebenfalls seit knapp zwölf Jahren mit dem Grübeln. Wir haben diverse Untersuchungen selbst durchgeführt, ein Gruppenprogramm entwickelt und erprobt und in unserer Ambulanz, dem Zentrum für Psychotherapie, mittlerweile eine Vielzahl Betroffener behandelt. Wir glauben, dass sich viele Strategien gut auch ohne therapeutische Unterstützung umsetzen lassen. Darum ist dieses Buch entstanden.

Unser Buch informiert Sie zunächst über den aktuellen Wissensstand zu Erscheinungsbild, Ursachen und Konsequenzen häufigen Grübelns. Es wird erläutert, was man in der klinischen Praxis und in der Wissenschaft unter Grübeln versteht, wie Grübeln in Studien untersucht wird, wie sich fortwährendes Grübeln auswirkt und wie man sich erklärt, dass Grübeln zu einem anhaltenden Problem werden kann. Falls Sie sich nicht so für die wissenschaftlichen Hintergründe interessieren, dann können Sie auch unmittelbar zu den praktischen Hilfen ab S. 57 übergehen. Hier stellen wir Ihnen ein Programm zur Überwindung depressiven Grübelns vor, das in weiten Teilen auf Strategien der metakognitiven Therapie basiert. Den Nutzen der beschriebenen Techniken für die Überwindung anhaltenden Grübelns und die Verbesserung des persönlichen Wohlbefindens konnten wir in einer eigenen Untersuchung nachweisen. Auf diese Untersuchung werden wir am Ende des Buches eingehen.

Die im Buch abgedruckten Arbeitsmaterialien und zwei Audiodateien können auf der Internetseite www.balance-verlag.de/buecher/detail/book-detail/gruebeln.html heruntergeladen werden. Das Passwort lautet *gruebel101*.

▬▬ Wann spricht man von Grübeln?

Grübeln ist dadurch gekennzeichnet, dass man von negativen Gedanken über die eigene Person, über vergangene bzw. gegenwärtige Entscheidungen, Begegnungen oder Geschehnisse nicht loskommt. Immer wieder drehen sich die Gedanken um vermeintliche Schwächen, Misserfolge und Betrübnisse. Anfangs kreisen die Gedanken dabei meist um ein konkretes Ereignis (z. B. »Warum hat mein Nachbar mich heute Morgen nicht gegrüßt?«). Doch mit der Zeit greifen sie auf andere Ereignisse und Erfahrungen über und schließlich wenden sich die Gedanken allgemeineren Themen, dem Großen und dem Ganzen zu: »Lebe ich das Leben, das ich leben sollte?« »Warum kann ich nie richtig glücklich sein?« »Warum mache ich es mir immer so schwer?« Die Gedanken werden also immer abstrakter und die Wahrscheinlichkeit, dass einem eine Antwort auf seine Fragen einfällt, wird zunehmend geringer. Gleichzeitig wird das Denken immer negativer. Man setzt sich nicht neutral und neugierig mit seiner eigenen Person, dem eigenen Erleben und Verhalten auseinander, sondern betrachtet sich zunehmend selbstkritisch und abwertend. Daraus folgt, dass das Denken in einer passiven Betrachtung persönlicher Verfehlungen und Unzulänglichkeiten verharrt.

Zusammenfassend beschreibt Grübeln also eine Kette von Gedanken und Vorstellungen, die

◻ sich wieder und wieder um ähnliche Inhalte drehen,

◻ sich auf vergangene oder gegenwärtige Erfahrungen beziehen,

- eher abstrakter Natur sind und
- nicht auf eine Lösung oder Veränderung ausgerichtet sind.

Grübeleien treten vor allem am Morgen und am Abend vermehrt auf. Typischerweise drehen sich Grübeleien um zwischenmenschliche Beziehungen und Konflikte, die eigene geistige und körperliche Gesundheit, negative Erinnerungen, die Frage, ob bestimmte Entscheidungen wohl richtig waren, oder es geht um den eigenen (Selbst-)Wert.

BEISPIELE Bei Monika Zwerch, einer 32-jährigen Hausfrau, drehen sich die Grübeleien stets um die Frage, warum sie sich vor sechs Jahren auf die Ehe mit ihrem wortkargen, einzelgängerischen Mann eingelassen hat und ob sie sich nun trennen soll oder nicht. Konkrete Anlässe für ihr langwieriges Gedankenkreisen können bereits kleinste Äußerungen ihres Mannes sein. In solchen Momenten denkt sie zunächst darüber nach, warum er dieses und jenes gesagt und wie er es gemeint haben könnte. Später wirft sie sich dann vor, dass sie so passiv ist, dass sie es nicht besser verdient hat und dass sie ohnehin zu unattraktiv ist, um jemals einen anderen Partner zu finden.

Richard Bisinger, ein 50-jähriger selbstständiger Handelskaufmann, kann den Anlass für seine Grübeleien meist gar nicht benennen. Häufig passiert es ihm schon morgens am Frühstückstisch, dass er in Grübeleien versinkt. Die Gedanken über das Aus seiner Partnerschaft nach zwanzig Jahren Ehe nehmen ihn dann so ein, dass er gar nichts mehr um sich herum mitbekommt und erst nach 20 bis 30 Minuten wieder aus seinen Gedanken »auftaucht«. Er ist dann wie gelähmt. ∎

Während gelegentliches Grübeln über akute Belastungen und Entscheidungen sicher von den meisten Menschen gut weggesteckt wird, verursacht gewohnheitsmäßiges, lang anhaltendes oder häufig wiederkehrendes Grübeln oftmals deutliches Leiden bei den Betroffenen – zumal sie das viele Grübeln nüchtern betrachtet als sinnlose Zeitverschwendung erleben.

Es existiert allerdings keine klar definierte Trennlinie zwischen unproblematischem Gelegenheitsgrübeln und krankhaftem Dauergrübeln. Inwieweit etwas gegen wiederkehrende Grübeleien unternommen werden sollte, entscheidet somit einzig der Leidensdruck der Betroffenen. Eine Bestandsaufnahme der Art des persönlichen Zu-viel-Denkens kann mit den folgenden Aussagen vorgenommen werden (vgl. EHRING u. a. 2011). Welche treffen auf Sie zu?

ÜBUNG **Persönliche Grübelneigung**

Nach belastenden Ereignissen oder in negativer Stimmung ...

☐ ... gehen mir dieselben Gedanken immer und immer wieder durch den Kopf.

☐ ... denke ich an all meine Probleme, ohne eines von ihnen zu lösen.

☐ ... stelle ich mir immer wieder Fragen, auf die ich keine Antwort finde.

☐ ... verhindern meine vielen Gedanken, dass ich mich konzentrieren kann.

☐ ... fühle ich mich gezwungen, immer wieder über das Gleiche nachzudenken.

☐ ... nehmen meine Gedanken meine volle Aufmerksamkeit in Anspruch.

☐ ... kommen mir Erinnerungen und Gedanken an das Ereignis auch dann in den Kopf, wenn ich gar nicht daran denken will.

☐ ... beginne ich, über meine Vergangenheit, Personen,

die mich verletzt haben, Fehler, die ich gemacht habe, und andere schlechte Erlebnisse in meiner Lebensgeschichte nachzudenken.

▬▬ Was unterscheidet Grübeln von anderen Arten des Nachdenkens?

Nicht alle Gedanken, die sich wieder und wieder um vergleichbare Inhalte drehen, werden als Grübeln bezeichnet. Natürlich ist es wichtig, zwischen ungünstigen Grübeleien und hilfreichem Nachdenken zu differenzieren. Unter einer klinisch-psychotherapeutischen Perspektive kommt es außerdem darauf an, Grübeln von Sorgen und von Zwangsgedanken zu unterscheiden.

Sorgen: In der psychologischen Forschung ist Grübeln etwas anderes als Sichsorgen. Sorgen beschäftigen sich vor allem mit *» Was ist, wenn ...?«*-Fragen, d. h. damit, was in der Zukunft möglicherweise geschehen könnte: »Was ist, wenn ich die Schule nicht schaffe? Was ist, wenn die Verabredung nicht gut läuft? Was ist, wenn ich Angst bekomme?« Grübeleien drehen sich hingegen in erster Linie um *» Warum?«*-Fragen, d. h. nicht um mögliche Ereignisse in der Zukunft, sondern um Ereignisse, die bereits eingetreten sind: »Warum kann ich nicht richtig fröhlich sein? Warum musste mir das passieren? Was hat das zu bedeuten, dass ich mich so schlecht konzentrieren kann?« Sorgen zielen darauf ab, vor zukünftigen Gefahren zu schützen, während Grübeln eher dazu dient, die Bedeutung von eingetretenen Situationen und Ereignissen zu erfassen (siehe die Abbildung auf der nächsten Seite). Sorgen werden eher von Angst, Grübeleien von Gefühlen von Traurigkeit begleitet.

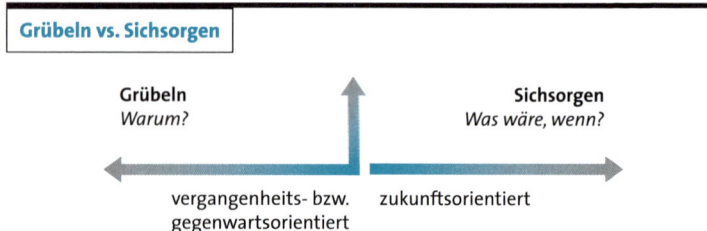

Grübeln vs. Sichsorgen

| Grübeln | | Sichsorgen |
| Warum? | | Was wäre, wenn? |

vergangenheits- bzw.　　zukunftsorientiert
gegenwartsorientiert

Häufig gehen Sorgen- und Grübelprozesse aber miteinander einher, und viele der im praktischen Teil des Buches (ab S. 57) beschriebenen Strategien eignen sich nicht nur zur Auseinandersetzung mit Grübeleien, sondern auch dazu, sich weniger Sorgen zu machen.

Zwangsgedanken: Zwangsgedanken nennt man Gedanken, Vorstellungsbilder oder Handlungsimpulse, die sich den Betroffenen aufdrängen und die als unangemessen, beängstigend, abstoßend und abscheulich erlebt werden (»So etwas darf man gar nicht denken!«). Typische Zwangsgedanken sind: »Ich könnte mein Kind erstechen!«, »Gleich werde ich aufspringen und laut schreien!«, »Ich könnte mich mit einer schlimmen Krankheit infiziert haben und muss jetzt alles dafür tun, andere vor der Infektion zu schützen!«. Durch solche Gedanken fühlen sich viele Betroffene zu Verhaltensweisen gezwungen, die ihnen im Nachhinein als übertrieben und sinnlos erscheinen. Sie »müssen« sie aber ausführen, um eine vermeintliche Katastrophe zu verhindern und unangenehme Empfindungen zu reduzieren. Solche Verhaltensweisen können offen beobachtbar sein (z. B. alle Messer aus dem Haus verbannen, fortwährendes Händewaschen und Desinfizieren, Dinge immer wieder kontrollieren) oder nur gedanklich geschehen (z. B. »gute« Gedanken denken, zählen). Eine Art gedanklicher Reaktion auf Zwangsgedanken kann das »zwanghafte Grübeln« (auch als »Denkzwang« bezeichnet) sein. Dabei werden vergangene Situationen immer wieder durchdacht, um Sicherheit vor den Inhalten der Zwangsgedanken zu gewinnen (z. B. »Habe ich mir wirklich die Hände gewaschen, nachdem ich die Türklinke berührt habe?«).

Aufdringliche Zwangsgedanken und auch das fortgesetzte Nachgrübeln über diese werden von den Betroffenen als persönlichkeitsfremd erlebt (»Ich weiß überhaupt nicht, warum ich immer wieder solche albernen Gedanken habe«). Personen, die zu depressivem Grübeln neigen, haben hingegen oft den Eindruck, dass das Grübeln zu ihnen gehört, Teil ihrer nachdenklichen Art ist (»So bin ich eben«). Zudem entzünden sich depressive Grübeleien in der Regel nicht an Gedanken, die dem Betroffenen als abstoßend und abstrus erscheinen (»Ich könnte mein Kind erstechen«), sondern an Ideen, die ihnen traurig, aber realistisch erscheinen (»Ich bin ein Versager«).

Für den Umgang mit zwanghaften Grübeleien eignen sich die im dritten Teil des Buches beschriebenen Strategien nur begrenzt. Interessierten Lesern sei das Selbsthilfebuch von Susanne FRICKE und Iver HAND (2013) empfohlen.

Problemlösendes Nachdenken: Problemlösendes Denken unterscheidet sich von Grübeln durch eine stärkere Zielbezogenheit und dadurch, dass konkrete Lösungsmöglichkeiten für ein bestimmtes Problem erwogen und in ihren Konsequenzen durchdacht werden. Die Auseinandersetzung erfolgt sachorientiert und auf eine wenig selbstabwertende Weise. Wenn man Probleme löst, beschäftigt man sich mit »Wie?«-Fragen: »Wie kann ich mein Ziel erreichen?«, »Wie sollte ich konkret vorgehen?«, »Wie kann ich mit einer Entscheidung vorankommen?«. Grübeln hingegen ist vergangenheitsorientiert. Es dreht sich um die Suche nach Gründen und Ursachen. Grübelnde stellen »Warum?«-Fragen. Beim Grübeln werden keine konkreten Lösungsmöglichkeiten geprüft, stattdessen wird von einem Thema zum nächsten gewechselt, ohne dass eines zu einem Abschluss gebracht wird.

Zur Verdeutlichung des Unterschieds zwischen zielführendem Nachdenken und Grübeln empfiehlt WATKINS (2016) das folgende Gedankenexperiment:

ÜBUNG Wie-Warum-Experiment

Versuchen Sie bitte, sich die folgende Situation sehr lebhaft vorzustellen: Sie haben einen sehr wichtigen Termin – ein Vorstellungsgespräch, eine Prüfung, Sie müssen ein Flugzeug erreichen etc. Als Sie sich aufmachen wollen, stellen Sie fest, dass Ihr Auto nicht anspringt. Stellen Sie sich vor, dass sie wirklich in Eile sind.

1 Beschäftigen Sie sich nun im Geist für eine Minute mit den folgenden Fragen: Warum muss mir das passieren? Was mache ich nur falsch? Was funktioniert denn hier nicht? Warum können die Dinge nicht einfach mal laufen?

Schätzen Sie jetzt auf der folgenden Skala ein, wie resigniert Sie sich fühlen würden:

gar nicht resigniert etwas resigniert resigniert sehr resigniert zutiefst resigniert

2 Stellen Sie sich nun erneut das gleiche Szenario vor und beschäftigen Sie sich im Geist für eine Minute mit den folgenden Fragen: Wie kann ich pünktlich zu meinem Termin erscheinen? Wie gehe ich jetzt am besten vor? Wie komme ich mög-

lichst schnell hier weg? Wie entscheide ich mich am besten für einen Lösungsweg? Schätzen Sie jetzt auf der folgenden Skala ein, wie resigniert Sie sich fühlen würden:

| gar nicht resigniert | etwas resigniert | resigniert | sehr resigniert | zutiefst resigniert |

Den meisten Leuten geht es so, dass die Beschäftigung mit den Grübelgedanken in einem stärkeren Maße zu Gefühlen von Resignation beiträgt als die Beschäftigung mit den handlungsbezogenen Fragen.

Während sich grüblerisches Denken und problemlösendes Denken in vielen Fällen somit gut voneinander unterscheiden lassen, gibt es einen großen Überschneidungsbereich, in dem diese Unterscheidung nicht leicht zu treffen ist. Der Übergang zwischen Denken und Grübeln ist oft fließend und oft beginnen Grübeleien als Versuch, Probleme zu verstehen und zu lösen (siehe Abbildung).

Grübeln vs. problemlösendes Nachdenken

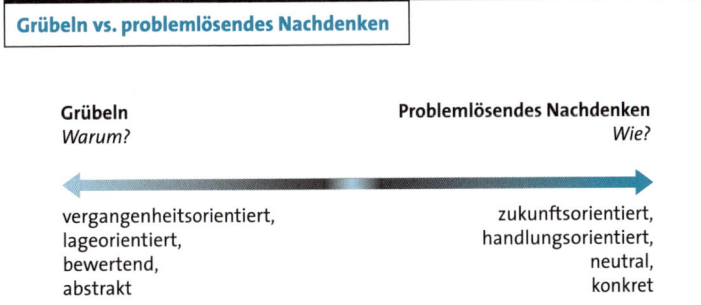

| Grübeln | Problemlösendes Nachdenken |
| Warum? | Wie? |

vergangenheitsorientiert, lageorientiert, bewertend, abstrakt

zukunftsorientiert, handlungsorientiert, neutral, konkret

In den vergangenen dreißig Jahren konnte in einer großen Zahl von Studien gezeigt werden, dass häufiges Grübeln

◻ zu einer Intensivierung und Aufrechterhaltung negativer Stimmung beiträgt;

◻ eine Zunahme negativer Gedanken, Erinnerungen, Interpretationen und Bewertungen bewirkt;

◻ den Antrieb verringert;

◻ die Problemlösefähigkeiten beeinträchtigt;

◻ zwischenmenschliche Beziehungen belastet und

◻ psychische Störungen wie Depression oder soziale Ängste (mit-)bedingen kann.

Aber wieso wirkt sich Grübeln eigentlich so ungünstig aus? Personen, die in schlechter Stimmung anfangen zu grübeln, scheinen in einen Teufelskreis hineinzugeraten: Je mehr sie grübeln, umso mehr negative Erinnerungen fallen ihnen ein, umso schlechter denken sie über sich selbst und ihr Leben und umso pessimistischer bewerten sie ihre Möglichkeiten. Die eigene Situation erscheint immer hoffnungsloser, die Motivation, aktiv nach Lösungen zu suchen, schwindet. In der Konsequenz nimmt die negative Stimmung weiter zu, die Situation bleibt ungelöst, und die passiv-negative Haltung strengt Freunde und Familienmitglieder zunehmend an – so entsteht Stoff für weitere Grübeleien. NOLEN-HOEKSEMA (2006) spricht treffend vom »Hefeteigeffekt« des Grübelns: Negative Gedanken gehen auf in weiteren negativen Gedanken, und Apathie mündet in noch mehr Apathie. Die folgende Abbildung verbildlicht die Zusammenhänge.

Wie depressives Grübeln wirkt

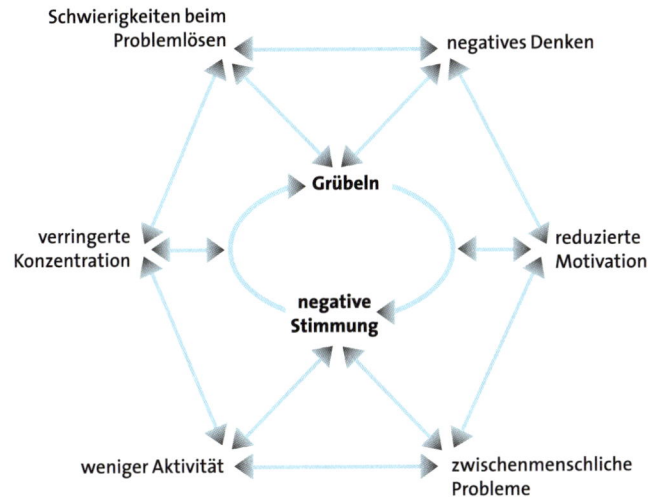

■■■ Ein Netzwerk von Gedanken und Gefühlen

Dass man sich in negativer Stimmung so leicht an andere negative Erlebnisse erinnert, liegt daran, wie Informationen in unserem Gedächtnis gespeichert werden. Gordon BOWER (1981) hat dazu eine Theorie aufgestellt. Er geht davon aus, dass Gefühle, Gedanken, Erinnerungen und körperliche Reaktionen in unserem Gedächtnis wie in einem Netz miteinander verbunden sind. Gedanken, Erinnerungen, Gefühle und Körperreaktionen, die oft gemeinsam auftreten, sind in diesem Netz eng miteinander verknüpft, wohingegen Erinnerungen, Gefühle und Körperreaktionen, die selten gemeinsam auftreten, kaum miteinander verbunden sind. Erinnerungen an Ereignisse, in denen man sich blamiert hat, Schamgefühle und Körperreaktionen wie Erröten sind im Gedächtnis also nah beieinander abgespeichert, während Erinnerungen an eigene Erfolge nicht in unmittelbarer Nähe der Erinnerungen an peinliche Missgeschicke gespeichert sind (siehe Abbildung).

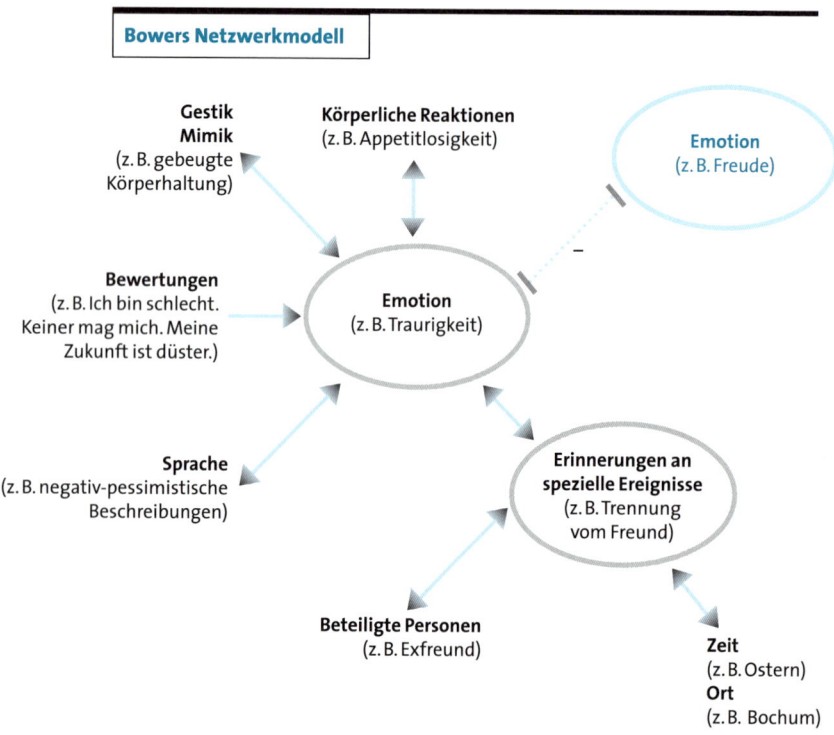

Bowers Netzwerkmodell

Wird nun ein Element dieses Netzwerkes aktiviert, z.B. weil man sich traurig fühlt, weil man sich an etwas Bestimmtes erinnert oder weil man an einem bestimmten Ort vorbeikommt, dann werden alle damit verknüpften Gedächtnisinhalte und Reaktionsweisen aktiviert; gleichzeitig ist die Zugänglichkeit zu Gedanken, Gefühlen oder Körperempfindungen, die nicht zu diesem Netzwerk gehören, erschwert. In der Konsequenz fallen einem viele Erinnerungen ein, die zur Stimmung passen, und es fällt schwer, sich an Dinge zu erinnern, die nicht zur Stimmung passen.

Im Folgenden werden wir die Konsequenzen des Grübelns noch mal genauer unter die Lupe nehmen. Das Augenmerk richtet sich dabei auf Befunde und Untersuchungen, die in entscheidender Weise das heutige Verständnis häufigen Grübelns geprägt haben. Den Auswirkungen des Zu-viel-Denkens wurde dabei in kontrollierten Laborexperimenten genauso nachgegangen wie in Studien »im echten Leben«, in denen die untersuchten Personen über Wochen, Monate und Jahre wissenschaftlich begleitet und befragt wurden. Verschiedene Untersuchungsparadigmen kommen dabei regelmäßig zum Einsatz.

Wie das Grübeln untersucht wird

In Laboruntersuchungen wird häufig ein von Nolen-Hoeksema entwickeltes Untersuchungsparadigma verwendet. Hierbei wird entweder mit Personen gearbeitet, die sich ohnehin in einer traurigen Stimmungslage befinden, oder die Teilnehmenden werden im Labor in eine negative Stimmung versetzt. Dazu werden ihnen traurige Filmsequenzen vorgespielt oder sie werden gebeten, sich an bedrückende Ereignisse in ihrem Leben zu erinnern, während düstere Musik abgespielt wird. Im Anschluss werden die Probanden zum Grübeln angehalten. Probieren Sie die Wirkung der folgenden Aufgabe ruhig selbst einmal aus – am besten einmal, wenn Sie sich gut fühlen, und einmal, wenn Sie sich ein wenig traurig fühlen.

Bitte richten Sie in den nächsten paar Minuten Ihre Aufmerksamkeit, so gut es geht, auf jeden der folgenden Gedanken. Bitte lesen Sie sich jeden Satz langsam und ruhig laut vor. Benutzen Sie während des Lesens der Sätze Ihre gesamte Vorstellungskraft und Konzentration. Es geht nicht um Schnelligkeit, sondern um Intensität. Lassen Sie sich einige Augenblicke Zeit, um sich jeden Satz vorzustellen und sich darauf zu konzentrieren.

- Denken Sie an die Empfindungen in Ihrem Körper.
- Denken Sie an Ihren Charakter und wie Sie gerne sein möchten.
- Denken Sie an Ihre Gefühle und versuchen Sie, sie zu verstehen.
- Denken Sie an die langfristigen Ziele, die Sie sich gesetzt haben.
- Denken Sie an mögliche Erklärungen für Ihre körperlichen Empfindungen.
- Denken Sie daran, wie hoffnungsvoll bzw. hoffnungslos Sie sich fühlen.
- Führen Sie sich vor Augen, wie hilflos Sie sich momentan fühlen.
- Malen Sie sich aus, welche Auswirkungen die Art, wie Sie sich fühlen, hat.
- Denken Sie daran, warum Sie sich manchmal so fühlen, wie Sie sich fühlen.
- Denken Sie daran, warum Sie so geworden sind, wie Sie sind.
- Versuchen Sie zu verstehen, wer Sie sind.
- Denken Sie daran, was Sie bezüglich Ihrer Freundschaften empfinden.

Mithilfe dieser Instruktionen gelingt es im Labor recht zuverlässig, dass Menschen ins Grübeln geraten, insbesondere wenn ihre Stimmung sowieso negativ ist. In den meisten Studien wird die Auswirkung dieser Form der Aufmerksamkeitslenkung verglichen mit der Wirkung von Ablenkung oder einer achtsamen Betrachtung aktueller Empfindungen.

Konkret bedeutet dies: Ein Drittel der Versuchspersonen wird zum Grübeln angehalten. Ein weiteres Drittel wird aufgefordert, sich von ihrer negativen Stimmung abzulenken (»Denken Sie an zwei Vögel, die auf einem Ast sitzen«). Das verbleibende Drittel der Teilnehmenden wird gebeten, sich auf nicht wertende, akzeptierende Weise ihrer Stimmung bzw. ihren körperlichen Vorgängen zuzuwenden (»Achten Sie auf Ihre Gedanken und Gefühle, ohne sie zu bewerten«, »Achten Sie auf Ihren Atem«). Nachdem die Probanden gegrübelt oder sich abgelenkt haben oder achtsam mit ihrer negativen Stimmung umgegangen sind, wird erfasst, wie sie sich fühlen. In anderen Untersuchungen werden ihre Einstellungen, ihre Problemlösefähigkeiten oder ihr Entscheidungsverhalten gemessen. Auf diese Weise kann man gut herausfinden, wie sich Ablenkung oder Achtsamkeit und insbesondere das Grübeln eigentlich auswirken.

In sogenannten naturalistischen Untersuchungen, die außerhalb kontrollierter Laborbedingungen stattfinden, werden zumeist Fragebögen genutzt, in denen Probanden gebeten werden, einzuschätzen, ob und wie oft sie im Allgemeinen, in negativer Stimmung oder in bestimmten Situationen ins Grübeln geraten. Zur Erfassung depressiven Grübelns werden international häufig die folgenden fünf Aussagen der »Brooding-Skala« (engl. »brüten«) von TREYNOR u. a. (2003) eingesetzt:

Wenn ich mich traurig oder niedergeschlagen fühle, ...

☐ *... denke ich:* » *Warum reagiere ich immer so?* «

☐ *... denke ich über eine zurückliegende Situation nach und wünsche, dass sie besser gelaufen wäre.*

☐ *... denke ich:* » *Womit habe ich das verdient?* «

☐ *... denke ich:* » *Warum habe ich Probleme, die andere Leute nicht haben?* «

☐ *... denke ich:* » *Warum kann ich mit den Sachen nicht besser fertig werden?* «

Diese Aussagen sollen auf einer Skala von 1 (»fast nie«) bis 4 (»fast immer«) eingeschätzt werden. Um Grübeln im Alltag zu untersuchen, werden in neueren Studien auch tragbare Taschencomputer bzw. Smartphones verwendet. Mehrfach am Tag werden die Teilnehmerinnen und Teilnehmer über diese Geräte kontaktiert und gebeten, anzugeben, was sie gerade machen, wie sie sich fühlen und ob sie aktuell grübeln.

▪▪▪ Wie wirkt sich Grübeln auf die Stimmung aus?

Eine erste Studie, in der der Einfluss anhaltenden Grübelns auf Niedergeschlagenheit bzw. Depressivität gezeigt wurde, erfolgte im Kontext des Loma-Prieta-Erdbebens. Diese Naturkatastrophe ereignete sich im Oktober 1989 in der Bucht von San Francisco. Es handelte sich um eines der stärksten Erdbeben in dieser Region: 62 Menschen starben und die Sachschäden beliefen sich auf eine geschätzte Summe von sechs Milliarden Dollar. Zufällig hatte Nolen-Hoeksema einige Tage vor dem Erdbeben einen Grübelfragebogen an etwa 200 Studierende der Stanford-Universität verteilt. Zehn Tage nach dem Erdbeben befragte sie 137 dieser Studierenden erneut und bat sie zudem, einen Depressionsfragebogen auszufüllen und zu berichten, inwieweit sie durch das Erdbeben betroffen waren. Sieben Wochen nach dem Erdbeben wurden die Studierenden nochmals befragt. Grübeln erwies sich in dieser Untersuchung als hochrelevant sowohl für das unmittelbare als auch das längerfristige Erleben depressiver Stimmung. Studierende, die schon vor dem Erdbeben zu regelmäßigen Grübeleien neigten, litten sowohl zehn Tage als auch sieben Wochen nach dem Beben unter vermehrter Niedergeschlagenheit – und dies unabhängig davon, wie depressiv sie sich schon vor dem Erdbeben gefühlt hatten, und unabhängig davon, wie stark sie von dem Erdbeben persönlich betroffen waren (NOLEN-HOEKSEMA & MORROW 1991). Es wurde also zumindest ein Teil des Leidens der Betroffenen weniger durch die Ereignisse selbst, sondern durch die Art der gedanklichen Auseinandersetzung mit dem Erlebten verursacht.

Dass Grübeln Depressivität aufrechterhalten und steigern kann, zeigt sich aber nicht nur im Kontext traumatischer Erlebnisse wie dem Loma-Prieta-Erdbeben, sondern gleichermaßen in Reaktionen auf Stimmungsschwankungen im Alltag oder Stimmungsinduktionen im Labor – und dies sowohl bei Erwachsenen als auch bei Kindern und Jugendlichen. Den Effekt häufigen Grübelns im Jugendalter konnten NOLEN-HOEKSEMA und ihre Kollegen (2007) in einer Studie an Mädchen im Alter von elf bis 15 Jahren zeigen. In der Untersuchung wurden knapp 500 Schulmädchen gebeten, Fragebögen auszufüllen und an einem Interview teilzunehmen. Über die folgenden fünf Jahre wurden die Mädchen noch mehrmals gebeten, die gleichen Fragebögen erneut zu beantworten und in telefonischen Interviews Auskunft über ihren seelischen Gesundheitszustand zu geben. Es zeigte sich, dass die Mädchen, die bei der ersten Erhebung berichtet hatten, häufig zu grübeln, ein deutlich höheres Risiko aufwiesen, in den folgenden Jahren an einer depressiven Störung zu erkranken als Mädchen, die nicht oder nur selten grübelten. Grübeln macht also nicht nur traurig, sondern manchmal sogar krank. Kritisch lässt sich bei beiden Studien anmerken, dass mit den eingesetzten Fragebögen nur eine bestimmte Art des Grübelns untersucht wurde, nämlich Grübeln in Reaktion auf negative Stimmung.

Grübelanlässe und Grübelinhalte können jedoch stark variieren. So kann man nicht nur darüber grübeln, warum man sich jetzt gerade schlecht fühlt, sondern sich z.B. auch mit verpassten Chancen und Misserfolgen in der eigenen Biografie beschäftigen. Somit stellt sich die Frage, ob auch andere Arten des Grübelns negative Konsequenzen haben. Die Antwort ist eindeutig ja. Auch dann, wenn man Grübeln mit anderen Fragebögen oder Erhebungsmethoden erfasst, zeigt sich der gleiche Effekt. Matthew ROBINSON und Lauren ALLOY (2003) schauten sich beispielsweise die Auswirkungen von sogenanntem *stressbedingten Grübeln* näher an. Unter stressbedingtem Grübeln verstehen die beiden Forscher die Tendenz, sich in Reaktion auf schwierige Lebensereignisse anhaltend mit selbstabwertenden Erklärungen (»Es liegt an mir und meiner Unfähigkeit, dass alles so gekommen ist«) und Gedanken an die eigene Hilf- und Machtlosigkeit (»Ich bin nicht in der Lage, die Situation zum Besseren zu wenden«) zu beschäftigen. Sie untersuchten bei amerikanischen Collegeanfängern, inwieweit negative Erklärungsmuster für Misserfolge (»Ich bin nicht gut genug, ich werde nie gut genug sein und das in sämtlichen Bereichen meines Lebens«) und rigide, überzogene Überzeugungen (»Um glücklich zu sein, braucht man die Anerkennung aller Personen, die

einen kennen«) für die Entstehung depressiver Störungen be-
deutsam sind. Zudem untersuchten sie die Rolle eines grüblerischen Umgangs mit entsprechenden Gedanken und Überzeugungen. Es zeigte sich, dass 16 Prozent der Personen, die ungünstigen Überzeugungen anhingen, in den darauf folgenden
zweieinhalb Jahren an einer Depression erkrankten. Von denen,
die überdies noch viel grübelten, waren es ganze 34 Prozent!

Zusammenfassend lässt sich somit sagen, dass Grübeln ein
Risiko für die Intensivierung und Aufrechterhaltung depressiver Stimmung wie auch für die Entwicklung depressiver Störungen darstellt. Grübeln verstärkt aber nicht nur eine traurige
Stimmung, sondern trägt genauso zu einer Intensivierung anderer Emotionen bei. Wer also in wütender Stimmung beginnt,
über Ungerechtigkeiten und Unverschämtheiten zu grübeln, der
wird seine Wut steigern und länger wütend sein. Wer wieder
und wieder über peinliche Erlebnisse nachdenkt, wird Schamgefühle befeuern. Wer sich beängstigende Situationen immer
wieder vergegenwärtigt, wird sich zunehmend ängstlicher fühlen.

Glücklich in der Gegenwart

Glücklich scheinen wir vor allem dann zu sein, wenn wir mit unseren
Gedanken genau bei den Dingen sind, die wir aktuell machen. Matthew Killingsworth und Daniel Gilbert (2010) von der Harvarduniversi-
tät fragten ihre Probanden mithilfe einer iPhone-App immer wieder,
was sie gerade machen, wie glücklich sie sich fühlen und ob sie über ihr
gegenwärtiges Handeln oder über irgendetwas anderes nachdenken.
Die Teilnehmerinnen und Teilnehmer konnten aus insgesamt 22 Aktivitäten wählen, um ihre aktuelle Beschäftigung anzugeben, darunter
z. B. spazieren gehen, einkaufen, essen oder fernsehen. Es zeigte sich,

dass die Probanden nahezu die Hälfte ihrer Wachzeit gedanklich mit anderen Dingen als ihrem gegenwärtigen Tun beschäftigt waren und dass diese Gedanken sie nicht glücklich machten. Im Durchschnitt gaben die Probanden an, dass ihre Gedanken fast die Hälfte der Zeit wandern würden; bei keiner Aktivität – außer beim Sex – wanderten die Gedanken nicht zu mindestens einem Drittel der Zeit. Killingsworth und Gilbert konnten weiter zeigen, dass die Teilnehmenden am glücklichsten waren, wenn sie Sex hatten, Sport machten oder in ein Gespräch vertieft waren. Am wenigsten glücklich waren sie beim bloßen Ausruhen, bei der Arbeit oder wenn sie am PC saßen. Allerdings entschied weniger die spezifische Aktivität darüber, ob sich jemand glücklich oder unglücklich fühlte, als vielmehr das Ausmaß, mit dem er gedanklich bei der Sache war. Die Autoren konnten sogar zeigen, dass herumwandernde Gedanken weniger eine Konsequenz als vielmehr die Ursache persönlicher Unzufriedenheit sind.

■■■ Wie wirkt sich Grübeln auf das Denken aus?

Nun stellt sich die Frage, warum Grübeln eine so starke Wirkung auf die Stimmung hat. In diesem Zusammenhang sind insbesondere Untersuchungen zum Einfluss von Grübeln auf das Denken aufschlussreich. Sonja Lyubomirsky von der Riverside-Universität in Kalifornien führte gemeinsam mit Susan Nolen-Hoeksema die ersten Untersuchungen zu diesem Thema durch. In einer Reihe von Experimenten zeigten sie, dass Personen, die zum Grübeln angehalten werden, mehr von negativen Erinnerungen berichten als Personen, die sich kurz von ihrer negativen Stimmung abgelenkt haben. Nach dem Grübeln geben die Versuchspersonen außerdem an, ihnen sei im Leben häufig Negatives, aber nur selten Positives widerfahren. Die Wahrscheinlichkeit, dass ihnen in der Zukunft Gutes widerfahren wird, schät- zen sie als gering ein. Schließlich sehen sie Schwierigkeiten mehr durch ihre persönliche Unfähigkeit verursacht als durch unverschuldete Umstände (LYUBOMIRSKY & NOLEN-HOEKSEMA 1995; LYUBOMIRSKY u. a. 1998). Acht Minuten künstlich erzeugtes Grübeln bringt junge, gesunde Studierende dazu, ihre Vergangenheit und ihre Zukunft in düsteren Farben zu sehen! Dabei gibt es keinen Grund anzunehmen, dass diejenigen, die zum Grübeln angehalten wurden, tatsächlich ein schlechteres Leben hatten als die Studenten, die nicht gegrübelt hatten. So werden die Teilnehmer in diesen Experimenten per Zufall einer der Untersuchungsgruppen zugelost, und der gleiche Effekt konnte in verschiedenen Folgeuntersuchungen wiederholt gezeigt werden. Insgesamt verwundert es dementsprechend nicht, dass sich häufiges Grübeln im Alltag deutlich auf das persönliche Wohlbefinden auswirkt.

Grübeln geht aber nicht nur mit mehr negativen Erinnerungen einher, sondern steht zudem in Zusammenhang mit einer spezifischen Art des Erinnerns – dem sogenannten *übergeneralisierten Erinnern*. Als übergeneralisierte Erinnerungen bezeichnet man allgemeine, wenig spezifische Erinnerungen an die eigene Lebensgeschichte, d. h., dass man sich nicht gut an konkrete Ereignisse wie ein Picknick im Park oder ein Gespräch erinnern kann, sondern sich eher vage und ungenau an längere Phasen oder Lebensabschnitte erinnert (»Meine Schulzeit war ziemlich schrecklich«). Man erfasst übergeneralisiertes Erinnern in Untersuchungen typischerweise, indem man Probanden Worte wie »glücklich«, »traurig«, »enttäuscht« usw. vorgibt und sie bittet, dazu eine spezifische Erinnerung aus ihrem Leben zu berichten. Man erklärt den Studienteilnehmenden, dass eine Erinnerung dann spezifisch ist, wenn sie sich auf einen bestimmten Tag in ihrem Leben beschränkt. Auf ein Stimuluswort wie »glücklich« sollten Probanden also so etwas erzählen wie beispielsweise: »Als ich am vergangenen Sonntag gemeinsam mit meinem Freund Brötchen gebacken habe«. Nun zeigt sich, dass Personen, die in ihrem Leben bereits einmal an einer Depression gelitten haben – der eindringlichen Aufforderung, etwas Spezifisches zu erzählen, zum Trotz –, eher unspezifische Erinnerungen berichten, also z. B.: »Glücklich habe ich mich immer dann gefühlt, wenn mein Vater mit mir angeln gegangen ist« (statt z. B. »Glücklich war ich, als ich einmal mit meinem Vater im Herbst drei Forellen gefangen habe und wir die dann abends gebraten haben«) oder »Glücklich war ich während meines Thailandaufenthaltes im Jahr 2002« (statt z. B. »Glücklich war ich in meinem Thailandaufenthalt an dem Tag, als wir eine Fähre nach Puketh genommen haben und ich in der Abendsonne auf dem Deck Reisetagebuch geschrieben habe«). Es fällt ihnen also schwer, sich an spezifische Ereignisse zu erinnern, und es fällt ihnen umso schwerer, je mehr sie zu einer grüblerischen Denkweise neigen.

Leichtes und abstraktes Erinnern negativer Erlebnisse bringt nun verschiedene Probleme mit sich: Wenn es leicht fällt, sich an negative Dinge zu erinnern, dann beeinflusst dies in erheblichem Maße die Sicht auf die Gegenwart und Zukunft. So scheinen uns grundsätzlich Ereignisse, an die wir uns leicht erinnern, wahrscheinlicher zu sein als Ereignisse, an die wir uns nur schwer erinnern können. Wenn man Erinnerungen zudem nur in abstrakter, wenig spezifischer Form abrufen kann, dann verstärkt sich zum einen der Eindruck, dass nicht nur einzelne Erlebnisse, sondern weite Teile des eigenen Lebens schlecht gewesen sind. Zum anderen helfen unspezifische Erinnerungen in viel geringerem Maße dabei, gegenwärtige Probleme zu lösen. Ganz grundsätzlich trägt Grübeln schließlich dazu bei, dass Gedächtnisverbindungen zwischen negativen Gedanken, Erinnerungen und Empfindungen sozusagen »trainiert« werden (siehe Abbildung S. 20). Als Reaktion auf negative Stimmung werden bei Menschen, die viel grübeln, leichter andere negative Gedanken und Erinnerungen aktiviert. Immer schneller kommt einem also noch mehr Negatives in den Sinn. Die Pfade und Verknüpfungen zwischen negativen Erinnerungen, Bewertungen und Interpretationen werden zunehmend breiter.

▪▪▪ Wie wirkt sich Grübeln auf die Fähigkeit, Probleme zu lösen, aus?

Es verwundert dementsprechend nicht, dass Grübeln auch die Fähigkeit und die Motivation, sich Lösungen für Probleme zu überlegen, beeinträchtigt – und dies, obwohl viele Menschen gerade dann in Grübeleien geraten, wenn sie versuchen, Probleme zu verstehen und zu lösen. Wiederum zeigte sich in einer Reihe von Experimenten, dass eine kurze Grübelaufforderung nicht nur die Fähigkeit beeinträchtigt, Lösungen für hypothetische zwischenmenschliche Probleme zu ersinnen. Grübelnde Menschen haben mehr Schwierigkeiten, sich für einen Lösungsweg zu entscheiden, und sind sich eher unsicher, ob ihre Problemlösung die richtige war. Vielgrübler benötigen mehr Informationen und Zeit, bevor sie eine Entscheidung treffen.

BEISPIEL Ina Neuer, eine 23-jährige Studentin, verliert sich beim Schreiben von Hausarbeiten regelmäßig in ihren Gedanken. Die Grübeleien entzünden sich an Fragen zum Aufbau eines Kapitels, zur ausgewogenen Darstellung von Sachverhalten, zu denen widersprüchliche Informationen vorliegen, zur Frage, ob ein übernommener Gedankengang bereits ein Plagiat sei, usw. Sie liest dann immer noch mehr Artikel und Kapitel in der Hoffnung, sich besser für eine Darstellungsform entscheiden zu können. Einzelne Sätze formuliert sie immer wieder neu, um bloß keinem Plagiatsvorwurf ausgesetzt werden zu können. In der Konsequenz kommt sie nur extrem langsam vorwärts, fühlt sich inkompetent und frustriert. Mittlerweile erlebt sie ein geradezu körperliches Unbehagen bei der Vorstellung, eine Hausarbeit schreiben zu müssen. ■

Aber wie soll man Probleme lösen, ohne über sie nachzudenken? Der Schlüssel scheint darin zu liegen, ob man eher abstrakt über Probleme nachdenkt oder sich auf konkrete Weise mit ihnen beschäftigt.

Edward Watkins von der University of Exeter in England konnte zeigen, dass akut depressive Patienten keine Schwierigkeiten mit der Lösung hypothetischer Probleme haben, wenn sie durch konkrete Fragen (Wie entscheide ich, was ich als Nächstes tun muss? Wie finde ich heraus, ob meine Handlungen hilfreich sind?) zu einer handlungsorientierten Herangehensweise angeregt werden. In weiteren Untersuchungen zeigte sich, dass Personen, die eher zu einer abstrakt-analytischen Art des Grübelns angehalten werden, schlechtere Lösungen für Alltagsprobleme entwickelten als Personen, die sich zwar auch gedanklich mit sich selbst beschäftigten, dies aber auf eine konkrete, nicht wertende und erfahrungsorientierte Weise taten (Watkins & Baraceia 2002; Watkins & Moulds 2005). Es ist also nicht die Frage, ob ich über Probleme nachdenken soll, sondern *wie* ich über Probleme nachdenke. Wenn es darum geht, aktuelle

Schwierigkeiten zu lösen, sind »Warum-Fragen« schlicht unge-
eignet – besser ist es, sich unmittelbar mit dem »Wie« einer Veränderung zu beschäftigen (siehe Das Wie-Warum-Experiment,
S. 16). In negativer Stimmung ist es zudem hilfreich, sich zunächst kurz abzulenken, seine Stimmung zu stabilisieren und
sich erst dann der Auseinandersetzung mit Problemen zuzuwenden (siehe S. 78). Falls man sich unsicher ist, ob man gerade
lösungsorientiert nachdenkt oder unkonstruktiv grübelt, kann
die sogenannte Zwei-Minuten-Regel von Michael ADDIS und
Christopher MARTELL (2004) helfen:

ÜBUNG Zwei-Minuten-Regel

Wenn Sie unsicher sind, ob Sie grübeln oder nachdenken, fahren
Sie für zwei Minuten mit dem fort, was Sie tun. Stellen Sie sich
dann drei Fragen:

- Bin ich mit einer Problemlösung vorangekommen?
- Habe ich etwas verstanden, was mir vorher noch nicht klar
  war?
- Bin ich in der Zeit weniger selbstkritisch oder weniger
  depressiv geworden?

Sofern Sie nicht eine der Fragen klar bejahen können, grübeln
Sie wahrscheinlich!

Selbst wenn Personen wissen, wie sie ein Problem lösen können, reduziert häufiges Grübeln die Wahrscheinlichkeit, dass sie diese Lösungen auch umsetzen. Eine Hälfte der Teilnehmenden eines weiteren Experiments wurde zunächst dazu angehalten, über ihre negative Stimmung zu grübeln. Die andere Hälfte sollte sich davon ablenken. Im Anschluss wurde allen eine Liste mit Aktivitäten vorgelegt, die sie unternehmen könnten, um sich wieder besser zu fühlen (z. B. mit Freunden essen, einen Film ansehen, Sport usw.). Unabhängig davon, ob die Teilnehmenden gegrübelt oder sich abgelenkt hatten, gaben sie an, dass diese Aktivitäten sicherlich hilfreich wären, um sich besser zu fühlen. Auf die Frage, ob sie die Aktivitäten auch umsetzen würden, wenn sie die Gelegenheit dazu hätten, antworteten die Grübler jedoch wesentlich seltener mit »Ja« als die Teilnehmer, die sich zuvor abgelenkt hatten (Lyubomirsky & Nolen-Hoeksema 1993). Grübeln macht offenbar passiv und lethargisch.

Nun kann man einwenden, dass diese Untersuchung nur ein hypothetisches Vorhaben und kein echtes Verhalten erfasst hat. Wer weiß schon, ob die angeblich aktiveren Nicht-Grübler tatsächlich zum Sport, ins Kino usw. gegangen wären? In einer weiteren Studie offenbarte sich jedoch eine sehr bedrohliche, durch Grübeln bedingte Passivität: Sonja Lyubomirsky und ihre Kolleginnen (2006) fragten Frauen, die an Brustkrebs erkrankt waren, wie viel Zeit sie hatten verstreichen lassen, nachdem sie eine auffällige Veränderung an ihrer Brust wahrgenommen hatten und bevor sie deswegen einen Arzt konsultierten. Frauen, die wenig zum Grübeln neigten, hatten im Schnitt nach

14 Tagen einen Arzt aufgesucht. Zum Grübeln neigende Frauen hatten durchschnittlich 53 Tage verstreichen lassen. Ein Zeitunterschied von einem Monat bei einer Erkrankung, die so schnell wie möglich behandelt werden muss!

▪▪▪ Wie wirkt sich Grübeln auf soziale Beziehungen aus?

Vor diesem Hintergrund erscheint es sehr nachvollziehbar, dass häufiges Grübeln nicht nur die Betroffenen selbst anstrengt, sondern auch deren Angehörige. Fragt man Partner von depressiven Personen, was sie an der Erkrankung ihres Angehörigen am meisten mitnimmt, so gehört das permanente Grübeln bzw. Sichsorgen zu den stärksten Belastungen. Häufiges Grübeln mag sich in Gesprächen dadurch widerspiegeln, dass die Betroffenen eher passiv sind, dass die gleichen Themen wieder und wieder angesprochen werden, dass ständig Rückversicherungen eingeholt werden (»Habe ich das richtig gemacht?«) und dass Veränderungsvorschläge nicht oder nur sehr zögerlich angenommen und umgesetzt werden.

Anhaltendes Grübeln macht es den Betroffenen zudem schwerer, über erlittene Kränkungen – wie Vertrauensbrüche, Zurückweisungen, Untreue – hinwegzukommen, sie zu verzeihen. Wie Michael McCullough von der University of Miami in verschiedenen Untersuchungen zeigen konnte, sind Vielgrübler länger auf Vergeltung aus und versuchen in stärkerem Maße, den oder die »Übeltäter« zu meiden. Dies hat natürlich Auswirkungen auf das persönliche Wohlbefinden und das soziale Miteinander (McCULLOUGH u. a. 2007). So fällt es vielen Angehörigen mit der Zeit zunehmend schwerer, sich immer wieder auf die gleichen Inhalte, Fragen, Vorwürfe und die pessimistische

Sichtweise ihres Partners einzulassen – sie fangen gegebenenfalls an, Gespräche zu meiden, oder begegnen ihren Partnern mit weniger Einfühlungsvermögen und zunehmender Frustration. Das wiederum führt dazu, dass sich die Vielgrübler nur unzureichend unterstützt fühlen. Sie zeigen sich dann oftmals verunsichert über die Qualität ihrer Beziehungen. Im Sinne einer wechselseitigen Aufschaukelung zieht diese Verunsicherung nicht selten weiteres Grübeln und weitere besorgte Nachfragen beim Partner oder bei der Partnerin nach sich.

Gemeinsam grübeln

Eine – insbesondere bei Jugendlichen – untersuchte Form des gemeinsamen Grübelns (Co-Rumination) scheint allerdings nicht nur Kosten und Unzufriedenheit mit sich zu bringen. Ausgehend von der Beobachtung, dass Mädchen und Frauen einerseits engere zwischenmenschliche Beziehungen pflegen als Männer, aber andererseits häufiger an Depressionen erkranken, hat Amanda Rose (2002) die Erforschung zweisamer Grübelprozesse angestoßen. Unter gemeinsamem Grübeln versteht sie das exzessive Diskutieren von Problemen zwischen zwei Freundinnen oder Freunden. Es geht also darum, dass dieselben Probleme regelmäßig und immer wieder besprochen werden, dass man sich gegenseitig dazu ermuntert, Probleme zu besprechen und über die Ursachen, Implikationen und Konsequenzen von Problemen und negativen Empfindungen zu spekulieren. Es wird beispielsweise ausschweifend darüber nachgedacht und diskutiert, ob eine uneindeutige Bemerkung eines Freundes möglicherweise das drohende Ende der Beziehung ankündigt oder nicht.

In Studien zeigte sich, dass Mädchen untereinander stärker zu gemeinsamem Grübeln neigen als Jungen und dass gemeinsames Grübeln sich auf jugendliche Mädchen ungünstiger auswirkt als auf

Jungen. Der Effekt gemeinsamen Grübelns ist dabei leicht paradox:
Zum einen stärkt gemeinsames Grübeln die Freundschaftsbeziehung
– die Mädchen erleben größere Intimität und Nähe in der Beziehung.
Zum anderen trägt gemeinsames Grübeln aber auch dazu bei, dass
Ängste und depressive Stimmungen zunehmen. Möglicherweise
funktioniert gemeinsames Grübeln ähnlich wie individuelles Grübeln,
d. h., es kommt durch eine Zunahme von negativen Gedanken und Erinnerungen zur Intensivierung negativer Stimmung, welche auch
durch eine gute Freundschaftsbeziehung nur unzureichend abgefe-
dert werden kann. Zumal das empathische Sichhineinversetzen in die
Probleme der Freundin einen mit zusätzlichen Schwierigkeiten und
Widrigkeiten des Lebens konfrontiert.

Die Schlussfolgerung aus diesen Befunden kann nun natürlich nicht
sein, dass man aufhört, mit seinen Freundinnen und Freunden über
Probleme zu sprechen – es gilt aber, eine gute Balance zu finden zwischen der rein kontemplativen Auseinandersetzung mit Problemen
und der aktiven Herangehensweise an bestehende Schwierigkeiten.

**▪▪▪ Wie wirkt sich Grübeln auf das Überwinden traumatischer
Erlebnisse und auf Ängste in sozialen Situationen aus?**

Während sich die bisher beschriebenen Befunde vor allem auf
das Grübeln im Kontext depressiver Stimmungen und Störungen bezogen, gibt es mittlerweile diverse Untersuchungen, die
sich mit der Bedeutung andauernden Grübelns für die Entstehung und Aufrechterhaltung von Angststörungen, insbesondere von Traumafolgestörungen und sozialen Ängsten beschäftigen. Analog zu den Ergebnissen aus dem Depressionsbereich
zeigt sich, dass Personen, die nach einem traumatischen Erlebnis (beispielsweise einem Überfall oder einem ernsthaften Ver-

kehrsunfall) immer wieder darüber nachdenken, warum es zu dem Ereignis gekommen ist, warum gerade sie zugegen waren und was das Ereignis für ihr Leben bedeutet, ein erhöhtes Risiko haben, das Erlebte nicht gut zu verarbeiten und eine sogenannte posttraumatische Belastungsstörung zu entwickeln. Es erhöht sich also das Risiko, dass das Erlebte einen nicht mehr loslässt, man immer wieder unter sich aufdrängenden Erinnerungsfetzen an das Geschehen leidet, man sich gegebenenfalls nicht mehr traut, die Orte aufzusuchen, an denen der Unfall oder Überfall geschehen ist. Die fortwährende gedankliche Auseinandersetzung mit dem Ereignis steht der emotionalen Verarbeitung des Erlebten entgegen und bedingt ein anhaltendes Bedrohungsgefühl.

BEISPIEL Hildegard Wiesel, eine 54-jährige Mitarbeiterin einer Spielhalle, wurde Opfer eines räuberischen Überfalls. An einem Dezemberabend stürmten gegen 22 Uhr zwei maskierte Täter die Spielhalle, bedrohten Frau Wiesel mit einer Schusswaffe und forderten die Herausgabe sämtlichen Bargelds. Infolge eines Missverständnisses feuerten die Täter zweimal in die Glasvitrine hinter der Theke, sodass Frau Wiesel durch herumfliegende Splitter im Gesicht und am Hals stark verletzt wurde. Die Täter konnten gefasst werden. Im Rahmen der Gerichtsverhandlung stellte sich heraus, dass Frau Wiesel beide Täter kannte. Es waren Stammkunden der Spielhalle, die sich schon oft und freundlich mit ihr unterhalten hatten. Frau Wiesel grübelt immer und immer wieder darüber, warum die beiden gerade ihr das angetan haben, ob sie sich im Vorfeld und während des Überfalls anders hätte verhalten müssen und inwieweit man Menschen grundsätzlich vertrauen kann. Weitere Grübelthemen ergeben sich aus der wenig unterstützenden Art ihres Vorgesetzten, der ihre Beschwerden nur mit dem Satz abtut, dass man auf Überfälle in einer Spielhalle immer gefasst sein müsse. ■

Im Kontext sozialer Ängste – also Ängsten davor, dass man von anderen negativ beurteilt werden könnte – spielt das nachträgliche Durchdenken sozialer Begegnungen (im Englischen als »post-event-processing« bezeichnet) eine besondere Rolle. Personen, die unter vermehrter Schüchternheit oder deutlichen sozialen Ängsten leiden, überprüfen ihr Auftreten in sozialen Situationen rückblickend immer wieder auf ungeschickt-peinliches Verhalten oder ablehnende Reaktionen anderer: »Habe ich einen verkrampften Eindruck gemacht? Habe ich mich zu passiv verhalten? Ist den anderen die längere Gesprächspause auch aufgefallen? Warum hat mein Chef so komisch geguckt, als ich von den neuen Kunden erzählt habe?«

Wie Grübeln allgemein zeichnet sich auch sozial-ängstliches Grübeln durch eine negativ gefärbte Sichtweise aus. Die nachträgliche Fehleranalyse erfolgt also nicht auf neugierig-interessierte, sondern auf selbstkritisch-abwertende Weise. Inhaltlich sind die Gedanken dabei durchdrungen von Ideen, wie die Situation hätte noch besser laufen können bzw. müssen. Natürlich mündet die fortwährende überkritische Auseinandersetzung mit der eigenen sozialen Geschicklichkeit nicht in zunehmender Gelassenheit, sondern in zunehmender Verunsicherung. Letztlich wird der Blickwinkel auf die Wahrnehmung eigener Schwächen und die potenzielle Ablehnung durch andere trainiert. Durch die wiederholte Beschäftigung mit vermeintlichen sozialen Fauxpas kommt es schließlich zur Anhäufung einer unwiderlegbar erscheinenden Beweismasse für die persönliche Unzulänglichkeit – Unsicherheit, Hilflosigkeit und zunehmende Ängste sind die Folge.

Schlussendlich wirkt sich Grübeln aber nicht nur auf die psychische Gesundheit, sondern auch auf die körperliche Gesundheit ungünstig aus. Anhaltendes Grübeln geht einher mit mehr körperlichen Beschwerden, häufigeren Arztbesuchen, intensivierten Kopf- und Rückenschmerzen sowie stärkeren schmerzbezogenen Beeinträchtigungen in der Lebensführung. Kristina Devoulyte und Michael Sullivan (2003) konnten sogar nachweisen, dass anhaltendes Grübeln einen Einfluss auf Erkältungssymptome hat. Die beiden nahmen Studierende in ihre Untersuchung auf, die seit einer knappen Woche unter einer Erkältung litten. Alle Teilnehmenden wurden dann über eine weitere Woche begleitet. Es wurde untersucht, inwieweit die persönliche Grübelneigung der Probanden mit der Anzahl und Schwere von Erkältungssymptomen zusammenhängt. Bei allen Probanden kam es zu einem erwartungsgemäßen Rückgang der Erkältungssymptome – es zeigte sich aber gleichzeitig, dass die erkälteten Vielgrübler am Ende der Woche weiterhin stärkere Erkältungssymptome aufwiesen als die Weniggrübler.

Dieses Ergebnis lässt sich nicht darauf zurückführen, dass die Vielgrübler die Erkältung erst seit kürzerer Zeit hatten oder einfach schon beim Studienbeginn eine schwerere Erkältung aufwiesen. Vielmehr wird vermutet, dass Grübeln mit einer anhaltenden Aktivierung körperlicher Reaktionen einhergeht, welche sich langfristig ungünstig auf den Gesundheitszustand auswirken soll. In einzelnen Untersuchungen konnte gezeigt werden, dass vermehrtes Grübeln u. a. mit einer stärkeren Ausschüttung des Stresshormons Cortisol verbunden ist. Darüber hinaus fanden sich Zusammenhänge mit einer erhöhten Kon-

zentration von Leukozyten und Lymphozyten im Blut, also einer ausgeprägten Reaktivität der körpereigenen Immunabwehr
(eine Übersicht findet sich bei BROSSCHOT u. a. 2006). Insgesamt sind diese Zusammenhänge bislang allerdings weniger gut
untersucht, weniger eindeutig und schwächer als die stim-
mungsbezogenen Auswirkungen anhaltenden Grübelns.

▪▪ Wer neigt zum Grübeln?

Wie eingangs bereits gesagt, neigen Frauen in stärkerem Maße
dazu, sich regelmäßig in Grübeleien zu verwickeln, als Männer.
Dieser Unterschied zeigt sich konsistent, wenn man die Grübelneigung in Stichproben der Normalbevölkerung untersucht.
Zudem ließ sich auch zeigen, dass dieser Geschlechterunter-
schied mitverantwortlich dafür ist, dass Frauen häufiger an depressiven Störungen erkranken als Männer. So erkranken etwa
20 Prozent aller Frauen und 12 Prozent aller Männer im Laufe
ihres Lebens mindestens einmal an einer Depression. Die Wirkung des Grübelns ist für Männer und Frauen allerdings gleich:
Wenn Männer grübeln, kommt es zu den gleichen Auswirkungen auf die Stimmung, das Denken, die Problemlösefähigkeit
und zwischenmenschliche Beziehungen wie bei Frauen. Wenn
man bereits an einer Depression erkrankte Personen untersucht,
finden sich im Übrigen keine Geschlechterunterschiede: Depressive Männer grübeln genauso viel wie depressive Frauen.

Bislang haben sich nur wenige Forscher mit der Frage beschäftigt, welche Erfahrungen im Kindes- und Jugendalter vermehrtes Grübeln bedingen. Es gibt Hinweise darauf, dass Männer und Frauen, die den Erziehungsstil ihrer Eltern als überkon-
trollierend beschreiben, vermehrt grübeln, wenn sie sich nieder-

geschlagen fühlen. Diese Personen berichten beispielsweise, dass sie in ihrer Kindheit nur selten etwas allein unternehmen durften, dass sie zu allen Terminen und Veranstaltungen von ihren Eltern gebracht und begleitet wurden und dass ihnen keine Privatsphäre zugebilligt wurde. Kinder, die unter solchen Umständen aufwachsen, scheinen besonders gefährdet zu sein, zum Vielgrübler zu werden. Zudem zeigten sich Zusammenhänge zwischen Missbrauchserfahrungen in der Kindheit und vermehrtem Grübeln. Es lässt sich mutmaßen, dass die im Kontext emotionaler und sexueller Missbrauchserlebnisse erfahrene Hilf- und Hoffnungslosigkeit Betroffene für passive Bewältigungsstrategien wie Grübeln anfällig werden lässt. Ergebnisse einer Untersuchung von Stephanie Cox und ihren Kollegen (2010) legen darüber hinaus nahe, dass Eltern einen grüblerischen Umgang mit schwierigen Erlebnissen auch unmittelbar anregen können. In dieser Untersuchung wurden Gespräche zwischen Müttern und ihren Kindern beobachtet. Es zeigte sich, dass Töchter von ihren Müttern in stärkerem Maße als Söhne zu einem nach innen gerichteten, passiven Umgang mit schwierigen Erfahrungen ermuntert wurden.

Kinder, deren Eltern sich übergriffig verhalten und die es versäumen, Strategien im Umgang mit Belastungen zu vermitteln, weisen möglicherweise ein erhöhtes Risiko dafür auf, grüblerisch mit negativer Stimmung umzugehen. Hierzu bedarf es aber noch weiterer Forschung – insbesondere, da es viele Menschen gibt, deren Kindheit nicht durch Übergriffe jedweder Art geprägt war und die dennoch sehr zum Grübeln neigen.

Genetische Faktoren scheinen für die Ausbildung einer habituellen Grübelneigung übrigens nur von untergeordneter Bedeutung zu sein (Johnson u.a. 2014).

Betrachtet man die vielfältigen und gut dokumentierten negativen Auswirkungen des Grübelns, so stellt sich die Frage, wieso Personen überhaupt grübeln. Was veranlasst einen zum Grübeln und was lässt einen weiter- bzw. wieder und wieder grübeln? Verschiedene Forscher haben sich mit dieser Frage auseinandergesetzt – und kommen zu teils vergleichbaren und teils unterschiedlichen Ergebnissen und Auffassungen. Die *eine* Erklärung für anhaltendes Grübeln gibt es bislang also nicht. Das ist nicht weiter schlimm, da die verschiedenen Ansatzpunkte Hinweise für Bewältigungsstrategien liefern, die sich wiederum gut kombinieren lassen. Im Folgenden werden drei viel diskutierte Ideen zum Verständnis häufigen Grübelns dargestellt.

▬▬ Versprechungen des Grübelns

In einer frühen Untersuchung konnten LYUBOMIRSKY und NOLEN-HOEKSEMA (1993) zeigen, dass Personen, die zum Grübeln angehalten wurden, den Eindruck hatten, Grübeln verhelfe ihnen zu mehr Einsicht über sich selbst. Die Idee, dass Menschen sich möglicherweise etwas vom Grübeln versprechen und daher wieder und wieder in Grübeleien geraten, wurde von anderen Forschern aufgegriffen und weiter untersucht. Edward WATKINS und Simona BARACEIA (2001) befragten beispielsweise Vielgrübler, ob sie dem häufigen Grübeln einen Nutzen abgewinnen können und wenn ja, welchen. Unter anderem legten sie den Betroffenen die folgenden Aussagen vor. Welche treffen auf Sie zu?

- ☐ ... weil ich nach Bedeutungen in meinem Leben suche.
- ☐ ... um Antworten auf meine Probleme zu finden.
- ☐ ... weil ich denke, dass es eine Lösung für mein Problem geben muss.
- ☐ ... weil ich die Ursachen von Ereignissen kennen muss.
- ☐ ... um zu versuchen, einen Weg aus meinen aktuellen Schwierigkeiten zu finden.
- ☐ ... weil das Verständnis von Vergangenheit und Gegenwart wichtig ist, um Dinge zu verbessern.
- ☐ ... um meine Traurigkeit zu verstehen; damit es mir besser geht.
- ☐ ... in der Hoffnung zu erkennen, was ich tun sollte.
- ☐ ... weil das Verstehen von Dingen es mir erleichtert, sie zu akzeptieren.
- ☐ ... um mich besser zu verstehen und mich dadurch zu ändern.
- ☐ ... weil ich eine Schwierigkeit durchdenken sollte, wenn sie mir in den Sinn kommt.
- ☐ ... um Lösungen für Probleme zu finden.
- ☐ ... über die Vergangenheit, um aus meinen Fehlern zu lernen.
- ☐ ... um schwierige Ereignisse zu bewältigen.
- ☐ ... über die Ursachen von schlechten Ereignissen, um zu verhindern, dass sie wieder passieren.
- ☐ ... um besser an meinen Zielen festhalten zu können.

Es zeigte sich, dass 80 Prozent der Befragten mindestens einer dieser (und weiterer) Aussagen zustimmten. Insbesondere der Idee, dass Grübeln zu mehr Einsicht und besseren Problemlösungen verhilft, stimmten viele Menschen zu.

Adrian Wells von der University of Manchester in England arbeitete die Idee, dass Personen deshalb zum Grübeln neigen, weil sie sich etwas vom Grübeln versprechen, noch weiter aus. In einer Reihe von Untersuchungen konnte er zeigen, dass sich insbesondere depressive Personen viel vom Grübeln versprechen und dass die Personen, die dem Grübeln gegenüber positive Erwartungen haben, tatsächlich häufiger grübeln. Wells bezeichnet diese positiven Erwartungen an das Grübeln als *positive Metakognitionen*. Vereinfacht lässt sich der Begriff Metakognition als »dahinterliegende Gedanken« übersetzen; gemeint sind *Gedanken, die wir uns über Gedanken machen*. So denken wir ja nicht nur über Dinge nach, die außerhalb unseres Geistes passieren, sondern können genauso über unsere eigenen Gedanken nachdenken. Wir können uns beispielsweise fragen, warum uns immer wieder eine Befürchtung wie »Nicht, dass ich vergessen habe, das Haus abzuschließen!« durch den Kopf geht, oder wir können uns fragen, warum uns in einem bestimmten Moment eine bestimmte Erinnerung in den Sinn gekommen ist. Wir machen uns also Gedanken über die Gedanken, Impulse, Befürchtungen, Bewertungen und Erinnerungen, die uns durch den Kopf geistern. Analog können wir uns Gedanken über eigene Denkprozesse wie beispielsweise häufiges Grübeln machen. Wir können also die Art, wie wir über Dinge nachdenken, gut oder schlecht oder beides finden.

Im Rahmen seines metakognitiven Modells depressiven Grübelns geht WELLS (2011) nun davon aus, dass Personen dann anfangen zu grübeln, wenn sie sich etwas vom Grübeln versprechen. Nun wird aber natürlich niemand zu Hause sitzen und sagen: »Oh, Grübeln wäre jetzt eine super Idee!« Die meisten Leute rutschen also eher unbewusst in Grübeleien ab – die Entscheidung zum Grübeln wird meist nicht explizit getroffen. Vielmehr wird eine grüblerische Auseinandersetzung mit der Zeit zur Gewohnheit, und positive Erwartungen an das Grübeln tragen eher unbewusst dazu bei, dass man mit dem Grübeln beginnt. Viele Betroffene beschreiben auch, dass sie ihre positiven Erwartungen an das Grübeln erst dann wahrnehmen, wenn sie sich bereits in Grübeleien verstrickt haben. Sie bemerken Gedanken wie »Ich muss das besser verstehen, sonst wird mir das immer wieder passieren« oder »Um das Problem zu lösen, muss ich es erst genau analysieren« oder »Versuch jetzt rauszufinden, warum du so bist, wie du bist« also erst, wenn sie bereits mit dem Grübeln begonnen haben. Letztlich tragen solche Ideen dazu bei, dass man nicht unmittelbar versucht, das Grübeln zu beenden – vielmehr steigt die Wahrscheinlichkeit, dass man immer weiter grübelt.

▄ ▄ Besorgnis über das Grübeln

Interessanterweise haben Vielgrübler dem Grübeln gegenüber nicht nur positive Erwartungen, sondern sie sorgen sich gleichzeitig über die Konsequenzen häufigen Grübelns. Nun ist es nicht ganz verkehrt, dem Grübeln skeptisch gegenüberzustehen. Aus dem gesamten ersten Kapitel dieses Buches lässt sich kaum ein anderer Schluss ziehen, als dass Grübeln – auch wenn es zuweilen anderes verspricht – mehr schadet als nützt. Sich der negativen Konsequenzen häufigen Grübelns bewusst zu sein, ist daher notwendig und hilfreich.

Gleichzeitig ist es ungünstig, wenn man sich auf katastrophisierende Art über Grübelgedanken aufregt, sich Gedanken macht wie beispielsweise:

◻ »Grübeln ist unkontrollierbar.«

❑ »Grübeln wird mich krank machen.«

❑ »Wenn ich weiter so viel grüble, werde ich als psychisches Wrack enden.«

❑ »Wenn andere wüssten, wie viel ich grüble, würden sie sich von mir zurückziehen.«

In diesem Sinne konnte Wells zeigen, dass solche negativen Gedanken über das Grübeln (negative Metakognitionen) nicht dazu beitragen, dass man Abstand vom Grübeln nimmt, sondern eher dazu, dass man sich zunehmend schlechter fühlt und noch mehr grübelt – über das Grübeln selbst nämlich! Schädlich ist dabei vor allem die Annahme, dass man Grübeln nicht kontrollieren könne. Wer das denkt, wird kaum versuchen, den Grübelprozess zu unterbrechen, oder wird solche Versuche vorzeitig wieder aufgeben. Zudem fördert diese Annahme Hilflosigkeitsgefühle. Die gefühlte Hilflosigkeit kann selbst wiederum zu einem weiteren Grübelthema werden und somit einer Intensivierung depressiver Stimmung Vorschub leisten.

Wells (2011) geht deshalb davon aus, dass sowohl positive als auch negative Metakognitionen den Grübelprozess aufrechterhalten. Es stellt sich allerdings die Frage, wie jemand Grübeln gleichzeitig positiv und negativ bewerten kann. Wells mutmaßt, dass diese entgegengesetzten Bewertungen nicht gleichzeitig, sondern im Grübelprozess nacheinander in den Vordergrund rutschen. Beginnt eine Person zu grübeln, dann stehen zunächst die positiven Erwartungen an den vermeintlichen Nutzen intensiven Nachdenkens im Vordergrund. Stellen sich nach einiger Zeit erste negative Konsequenzen des Grübelns ein, rücken die negativen Bewertungen des Grübelns in den Vordergrund: Das Grübeln wird als unkontrollierbar, unangenehm und gefährlich erlebt.

48   **BEISPIEL** Gisela Mokanski, eine 58-jährige Kioskbesitzerin, verfällt häufig ins Grübeln, wenn sie von ihrem »Raucherhusten geschüttelt« wird. In solchen Situationen fragt sie sich: »Warum bin ich so blöd und habe nicht schon vor Jahren mit dem Rauchen aufgehört?« »Wie automatisch« rutscht sie dann ins Grübeln. Sie denkt an all die verpassten Gelegenheiten, bei denen sie hätte aufhören können zu rauchen, fühlt sich schwach, inkompetent und widert sich selbst an. Je länger sie grübelt, desto schwächer und deprimierter fühlt sie sich. Ihre Inkompetenz steht dann »in voller Pracht« vor ihr. Sie fühlt sich den Grübeleien vollkommen ausgeliefert. Eine Pause von ihren Gedanken bekommt sie in diesen Phasen nur dann, wenn ein Kunde hereinkommt. Auf der anderen Seite hält sie die Grübelei für eine gerechte Strafe für ihr Unvermögen, das Rauchen aufzugeben. Insgeheim verspricht sie sich von den Grübelattacken, dass sie ihr endlich die Motivation geben, nicht mehr oder zumindest weniger zu rauchen. ■

Die Annahmen von Wells zur Aufrechterhaltung depressiven Grübelns werden mittlerweile durch diverse Untersuchungsergebnisse gestützt. Eine schematische Darstellung der Annahmen findet sich in der folgenden Abbildung.

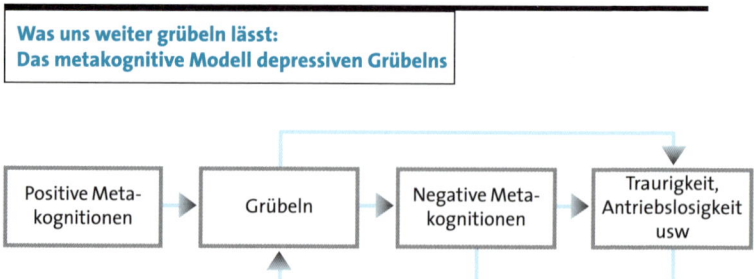

Was uns weiter grübeln lässt:
Das metakognitive Modell depressiven Grübelns

Dem Modell zufolge muss man daher erkennen, was einem das Grübeln verspricht (positive Metakognitionen) und was einen am Grübeln beunruhigt (negative Metakognitionen). Gelingt es, diese Ideen zu überprüfen und zu verändern, ist man dem Ziel, weniger zu grübeln, einen großen Schritt näher gekommen.

Gedanken sind Gedanken und nicht die Realität

WELLS (2011) sieht aber nicht nur in positiven und negativen Metakognitionen eine Ursache häufigen Grübelns, sondern auch im Ausmaß, in dem Gedanken als Abbild der Realität verstanden werden. Um diese Idee zu verstehen, ist es hilfreich, gedanklich einen Schritt zurückzutreten und sich klar zu machen, dass Grübeleien häufig ihren Ausgang nehmen, wenn einem in einer bestimmten Situation ein bestimmter negativer Gedanke durch den Kopf schießt. Es kommt einem beispielsweise plötzlich der Gedanke, man sei eine schlechte Mutter, man sei ein Versager oder man sei nicht gut genug, sei unattraktiv, nicht liebenswert, inkompetent usw. Durch solche aufblitzenden Ideen lässt man sich leicht zum Grübeln provozieren. Man fängt an zu analysieren, warum man so ist, wie man ist, ob andere das schon bemerkt haben und was sie deshalb von einem denken usw.

Zu einer solchen Auseinandersetzung lässt man sich vor allem dann provozieren, wenn man den Gedanken für bare Münze nimmt; wenn man der Meinung ist, dass Gedanken die Realität abbilden – sie wahr und richtig sind. Was wir uns im Alltag aber nur selten vor Augen führen, ist, dass unsere Gedanken nicht eins zu eins die Realität abbilden, sondern immer nur *eine* mögliche Interpretation unserer Umwelt darstellen. Bei so pragmatischen Dingen wie »Steht hier ein Tisch oder nicht?« spielt das keine große Rolle (wobei es durchaus Philosophen und Wissenschaftler gibt, die auch solche Wahrnehmungen infrage stellen).

Für den Alltag ist es aber wohl wichtiger, sich klarzumachen, dass solche verallgemeinernden Etiketten wie »schlechte Mutter«, »Versager« etc. eine recht willkürliche gedankliche Interpretation der Wirklichkeit sind und eben nicht die Wirklichkeit. Wäre es die Wirklichkeit, dann müssten die allermeisten Menschen eines Kulturkreises sich genauso darauf einigen können, was ein Versager ist, wie sie sich darauf einigen können, was ein Tisch ist. Sie müssten sich genauso darauf einigen können, wann jemand wertlos ist, wie sie sich darauf einigen können, was eine Kuh ist. Das können sie aber nicht! Nicht einmal Sie selbst denken jederzeit gleich über sich – mal finden Sie sich besser und mal schlechter. Wenn Sie ein realer Versager wären, dann jederzeit und nicht in Abhängigkeit von Ihrer Stimmung. Ein Tisch ist ein Tisch – auch bei wechselndem Belichtungsgrad und unabhängig von der Stimmung des Betrachters.

Wells (2011) nimmt an, dass Personen, die ihre Gedanken als Abbild der Realität verstehen, häufig und leicht ins Grübeln geraten. Je stärker ich davon überzeugt bin, dass meine Gedanken wahr sind, desto wichtiger, sinnvoller und notwendiger wird es mir erscheinen, mich mit ihnen auseinanderzusetzen, um mögliche Ursachen, Implikationen und Konsequenzen zu begreifen. Habe ich hingegen Distanz zu meinen Gedanken, kann ich sie als vorübergehende mentale Ereignisse verstehen, die genauso, wie sie entstanden sind, auch wieder verschwinden werden. Dann erscheint es weniger wichtig und notwendig, mich detailliert mit ihnen auseinanderzusetzen und sie zu analysieren. Damit wiederum minimiert sich auch die Gefahr, sich in Grübeleien zu verstricken.

Beim Überwinden des Grübelns hilft es also, mehr Distanz zu den eigenen Gedanken zu gewinnen, damit negative Ideen und Vorstellungen nicht so schnell zum Grübeln provozieren können.

▪▪ Grübeln lohnt sich manchmal – zumindest kurzfristig

Während im metakognitiven Modell positive Erwartungen an das Grübeln besonders betont werden, gehen andere Forscher davon aus, dass Grübeln manchmal tatsächlich positive Konsequenzen nach sich zieht. Diese positiven Konsequenzen sind es, die Grübeln zur Gewohnheit werden lassen. Allerdings sind diese angenehmen Konsequenzen oft nur kurzlebig und trügerisch – es ist die Erleichterung, die sich einstellt, wenn man etwas Unangenehmes vermieden hat. Entsprechend verstehen diese Wissenschaftlerinnen und Wissenschaftler Grübeln als eine Art von *Vermeidungsverhalten*.

Von Vermeidungsverhalten spricht man dann, wenn Menschen etwas unternehmen, um unangenehmen Dingen aus dem Weg zu gehen. Vermeidungsverhalten geht in der Regel mit zwei Konsequenzen einher: Kurzfristig fühlt man sich (etwas) besser, langfristig nehmen aber die Schwierigkeiten und negativen Gefühle zu. Wenn man beispielsweise Angst vor Hunden hat und immer die Straßenseite wechselt, sobald man einen Hund sieht (die Begegnung mit Hunden also vermeidet), werden unmittelbar die Angst und die Anspannung weniger. Man fühlt sich kurzfristig besser, sicher und erleichtert. Langfristig bleibt die Angst allerdings bestehen, da man nie die Erfahrung machen kann, dass die allermeisten Hunde keineswegs einfach so Passanten auf der Straße beißen. Wenn man z. B. mit seinem Partner einen schwierigen Konflikt besprechen muss, fühlt man sich vielleicht erleichtert, wenn einem Gründe einfallen, warum gerade jetzt nicht der richtige Zeitpunkt für eine Aussprache gegeben ist (man die Auseinandersetzung also vermeidet). Langfristig bleiben so aber Unzufriedenheit und Partnerschaftsprobleme bestehen. Wenn man eine schwierige Prüfung vorbereiten muss, hilft das gründliche Aufräumen der Wohnung möglicherweise kurzfristig dabei, sich weniger nervös zu fühlen (weil man ja gerade etwas tut), langfristig führt aber kein Weg am Lernen vorbei, um sich besser zu fühlen.

Was bedeutet dies nun für das Grübeln? Die Idee ist, dass Grübeln möglicherweise der Vermeidung einer potenziell anstrengenden, frustrierenden oder erfolglosen Auseinandersetzung mit der Umwelt und mit Problemen dienen könnte. Solange man grübelt, kommt es nicht zu tatsächlichen Misserfolgen und Versagenserlebnissen. Auch wenn Grübeln anstrengend und unangenehm ist, mag es in vielen Situationen besser und angenehmer erscheinen als negative Gefühle oder Anstrengung, die mit realen Auseinandersetzungen, Aktivitäten oder sozialen Kontakten verbunden sein könnten. Zumal Grübeln eine gute Entschuldigung für Inaktivität sein kann – eine Betroffene formuliert das treffend so: »Indem ich darüber nachdenke, tue ich ja immerhin etwas.« Grübeln führt also nicht dazu, dass man sich gut fühlt, in manchen Situationen fühlt man sich aber zumindest etwas weniger schlecht.

Kurzfristige positive Konsequenzen des Grübelns können aber auch darin bestehen, dass man sich während des Grübelns einer verstorbenen Person verbunden fühlt, man gedanklich ei-

ner unangenehmen Situation entfliehen kann oder Nähe zu einer Freundin erlebt (siehe S. 36). Manchmal versteht man durch
das Grübeln tatsächlich etwas besser oder man findet eine
Lösung für ein Problem. Da unsere Entscheidungen und unser
Verhalten durch unmittelbare Konsequenzen stärker geprägt
werden als durch langfristige Konsequenzen, können all diese
Erlebnisse dazu beitragen, dass sich Grübeln als eine Gewohnheit herausbildet und etabliert.

BEISPIEL Jan-Peter Danzig, ein 35-jähriger Student der Geistes-
wissenschaften, leidet sehr unter Grübeleien über seine eigene
Kompetenz. Er sorgt sich darüber, was er nach dem Studium be-
ruflich machen soll, und geht im Geiste wieder und wieder die
Reihe seiner Niederlagen durch. Da das Ende seines Studiums
bevorsteht, hat er sich vorgenommen, erste Bewerbungen zu
verschicken. Am Abend fühlt er sich aber regelmäßig überfordert damit, die »Lücken in seinem Lebenslauf« zu kaschieren.
Er rutscht dann immer weiter in Grübeleien hinein und kann
sich nur ganz schlecht konzentrieren. Nach mehreren Stunden
der Untätigkeit beschließt er meist, dass es nichts bringt, »in seinem Zustand« weiter zu arbeiten, und dass auch er »ein Recht
auf Freizeit« hat. Dann macht er sich ein Bier auf und sieht sich
bis zum Schlafengehen Internetvideos an. ■

Um das Grübeln zu überwinden, muss man sich nach dieser
Sichtweise also vor allem die Konsequenzen von Grübeleien genau und ehrlich ansehen: In welchen Situationen beginnt man
zu grübeln? Gibt es Dinge, die man stattdessen tun müsste?
Dient das Grübeln der Vermeidung unangenehmer Themen
oder Aktivitäten? Wie müsste man sich stattdessen verhalten,
um langfristig zufriedener zu sein?

In den beiden bislang dargestellten Erklärungsansätzen wird Grübeln als ein mehr oder weniger bewusster Prozess verstanden: Menschen werden durch die Versprechungen des Grübelns oder durch die Möglichkeit, etwas noch Unangenehmeres zu vermeiden, zum Grübeln verführt und *entscheiden sich* dann dazu, zu grübeln.

Diese Beschreibung passt nicht gut dazu, wie es viele Betroffene erleben. Fragt man sie, so geben knapp 60 Prozent an, dass sie automatisch ins Grübeln hineinrutschen. Dies ist nun keineswegs ein Beleg dafür, dass die bisher beschriebenen Ideen ungültig sind (Menschen fällt es grundsätzlich schwer, die Gründe für eigenes, insbesondere belastendes Verhalten zu erkennen). Es deutet aber gleichwohl darauf hin, dass häufiges Grübeln auch die Konsequenz gänzlich unbewusster und unwillkürlicher Prozesse sein könnte. Insbesondere die deutsche Forscherin Jutta Joormann und das belgische Forscherteam um Rudi De Raedt und Ernst Koster haben sich mit dieser Möglichkeit beschäftigt. In einer Vielzahl von Experimenten konnten sie zeigen, dass niedergeschlagene Personen und Menschen, die derzeit depressiv sind oder irgendwann in ihrem Leben einmal depressiv waren, größere Schwierigkeiten haben, ihre Aufmerksamkeit von negativen Informationen zu lösen (KOSTER u. a. 2011). Diese Schwierigkeiten sind dabei in besonderem Maße mit einer grüblerischen Denkweise verbunden: Menschen, die Negatives schlecht ausblenden können, neigen auch zu häufigerem Grübeln. Depressive oder viel grübelnde Menschen achten zwar nicht in besonderem Maße auf Negatives in ihrer Umgebung, aber sie können sich schwerer von solchen Inhalten lösen, wenn sie sie einmal entdeckt haben. JOORMANN (2005) vermutet, dass das Grübeln dann automatisch beginnt und eben nicht unter willentlicher Kontrolle steht.

In ersten neurobiologischen Untersuchungen zur Arbeitsweise und Struktur des Gehirns zeigte sich, dass anhaltendes Grübeln sowohl mit einer veränderten Funktionsweise als auch einem verringerten Hirnvolumen in Bereichen einhergeht, die an der Kontrolle gedanklicher Vorgänge beteiligt sind (KÜHN u. a. 2012). Glücklicherweise bedeuten diese Hirnveränderungen keineswegs, dass man nichts gegen das Grübeln unternehmen kann. Vielmehr ließ sich ein positiver Einfluss psychotherapeutischer Interventionen auf die Veränderung von Hirnfunktionen und -strukturen mittlerweile gut belegen.

Um das Grübeln zu überwinden, muss man also mehr Kontrolle über die Ausrichtung der eigenen Aufmerksamkeit gewinnen. Auch zu diesem Zweck wurden therapeutische Techniken entwickelt (siehe S. 67).

Noch mal das Wesentliche

Im Rahmen der dargestellten Modelle können wir von verschiedenen Ursachen, Auslösern und aufrechterhaltenden Mechanismen für anhaltendes Grübeln ausgehen:

- Überzeugungen über den Nutzen und Schaden des Grübelns (positive und negative Metakognitionen);
- unzureichende Distanz zum eigenen Denken;
- Schwierigkeiten, negative Informationen auszublenden;
- die mögliche Vermeidungsfunktion des Grübelns.

Die Modelle unterscheiden sich in zentralen Annahmen und überschneiden sich in anderen. Letztlich ergänzen sie einander; so ist beispielsweise vorstellbar, dass positive Konsequenzen des Grübelns (z. B.

»Nach langem Grübeln ist mir eine gute Idee gekommen«) als meta-kognitive Annahmen abgespeichert werden (z. B. »Grübeln wird mir immer dabei helfen können, Probleme zu lösen«). Gleichzeit ist es möglich, dass das Grübeln durch Schwierigkeiten, negative Informationen auszublenden, mitverursacht wird. Die Aufrechterhaltung des Grübelprozesses kann nichtsdestoweniger durch metakognitive Annahmen (z. B. dass man alle Probleme zu Ende denken muss) mitbedingt werden usw.

Grundsätzlich verweisen die verschiedenen Modelle auf unterschiedliche Ansatzpunkte zur Überwindung anhaltenden Grübelns, die Sie sich zunutze machen können. Hiermit beschäftigt sich die nächsten Kapitel, der praktische Teil.

In diesem Kapitel geht es nun um die Dinge, die man tun kann: Wie gerate ich weniger oft ins Grübeln hinein? Wie steige ich schneller wieder aus Grübelprozessen aus? Basierend auf den verschiedenen Annahmen und Untersuchungsergebnissen zur Entstehung und Aufrechterhaltung des Grübelns werden dazu verschiedene Schritte und Techniken beschrieben. Zunächst wird es darum gehen, Auslöser und Konsequenzen von Grübelprozessen zu beobachten und eigene Vorstellungen und Befürchtungen bezüglich des Grübelns genau unter die Lupe zu nehmen. Im Folgenden wird eine Möglichkeit vorgestellt, die Kontrolle über die persönliche Aufmerksamkeitslenkung zu trainieren, und es werden Strategien dargestellt, die kurzfristig dabei helfen, Kontrolle über Grübelprozesse zu erlangen. Anschließend werden Hilfestellungen dazu gegeben, wie man einen distanzierteren Blick auf belastende Gedanken und Vorstellungen einnehmen kann. Wir werden überdies positive Erwartungen an das Grübeln nochmals kritisch infrage stellen. Zum Schluss geht es dann um Alternativen zum Grübeln: Zum einen wird es um Schritte konkret-handlungsorientierten Problemlösens gehen und zum anderen wird die Technik des expressiven Schreibens als Möglichkeit, sich mit vergangenen und aktuellen Belastungen auseinanderzusetzen, vorgestellt.

Wir empfehlen Ihnen, die einzelnen Kapitel nacheinander durchzugehen – viele Inhalte bauen aufeinander auf und sollten daher in der richtigen Reihenfolge geübt werden. Falls Sie sich für die ausführlichen wissenschaftlichen Ausführungen im ersten Kapitel nicht begeistern konnten, ist dies überhaupt nicht schlimm. Sie können sämtliche Übungen auch ohne die Hintergründe gewinnbringend einsetzen. Die Ausführungen im Kapitel zu den Ursachen depressiven Grübelns (ab S. 43) sollten Sie aber gelesen haben, wenn Sie verstehen wollen, warum wir Ihnen die verschiedenen Übungen vorschlagen.

Im Idealfall nehmen Sie sich für die folgenden Kapitel einmal in der Woche in etwa eine Stunde Zeit. In dieser Stunde sollten Sie ein bis zwei Kapitel durchlesen und die beschriebenen Übungen ausprobieren. Zusätzlich sollten Sie täglich (mindestens aber dreimal pro Woche) für 15 Minuten die beschriebenen Übungen ausführen. Begreifen Sie die verschiedenen Übungen als Experimente: Probieren Sie sowohl die Dinge aus, die Ihnen schon bekannt sind, als auch die Sachen, die Ihnen komisch vorkommen und die sie noch nie probiert haben. Von Letzteren profitiert man in der Regel am meisten, und ob etwas funktioniert, lässt sich erst beurteilen, nachdem man es probiert hat.

■■ Grübeln unter der Lupe

Im ersten Schritt geht es darum, dass Sie persönliche Auslöser für Grübeleien, wiederkehrende Grübelinhalte, Auswirkungen des Grübelns und positive Erwartungen sowie Befürchtungen bezüglich des Grübelprozesses genau kennenlernen, damit Sie sich später gezielt mit ihnen auseinandersetzen können.

Versuchen Sie nun, eine persönliche Grübelsituation, an die Sie sich noch gut erinnern können, unter der Lupe zu betrachten. Am besten nehmen Sie sich Zeit zur Beantwortung der folgenden Fragen und tragen Ihre Antworten dann direkt in das Arbeitsblatt 1 auf Seite 63 ein. Wenn Ihnen der Platz hier im Buch nicht ausreicht, können Sie sich alle Arbeitsblätter unter gruebeln.html herunterladen und ausdrucken.

1. **Situation:** Vergegenwärtigen Sie sich zunächst *eine Situation* in der letzten Woche, in der Sie gegrübelt haben. An welchem Tag war das? Um wie viel Uhr? Wo waren Sie? Waren Sie allein oder mit anderen zusammen? Was haben Sie gemacht, bevor Sie ins Grübeln geraten sind? Ist irgendetwas vorgefallen? Ist Ihnen etwas eingefallen? Denken Sie nicht nur an die Situation, sondern versetzen Sie sich noch einmal in Ihre Erinnerung. Gehen Sie die Ereignisse in Ihrem Kopf durch.

2. **Auslöser:** Versuchen Sie nun, noch etwas genauer herauszufinden, was der *Auslöser* für die grüblerische Auseinandersetzung war. Woran haben Sie gedacht, bevor das Grübeln losging? Gab es beispielsweise einen Gedanken wie »Ich schaffe das nie!«, »Ich werde nie dazugehören«, »Alle anderen sind besser als ich« oder »Immer geht es mir schlecht«, »Ich genüge nicht« oder »So wie ich bin, bin ich nicht okay«? Gab es also Ideen über Sie selbst, Ihr Umfeld oder Ihre Vergangenheit, die Sie zum Grübeln provoziert haben? Oft ist es schwer, solche Gedanken im Nachhinein zu identifizieren. Lassen Sie die Antwort ruhig offen, wenn Sie sich an nichts Schlüssiges erinnern können. Versuchen Sie einfach in der nächsten Grübelsituation, Ihr Augenmerk stärker auf solche möglichen Auslöser zu richten.

3. **Inhalt des Grübelns:** An den Inhalt der Grübeleien kann man sich in der Regel besser erinnern als an den Auslöser. Was war das *Grübelthema* in dieser speziellen Situation? Und wie haben Sie darüber nachgedacht: eher selbstkritisch-unzufrieden oder sachlich-distanziert? Waren Sie also eher nett mit sich und Ihrem Erleben oder haben Sie sich oder Ihrem Leben Vorwürfe gemacht? Sind Sie bei diesem einen Thema geblieben oder sind Ih-

nen im Verlauf des Grübelns immer weitere Themen/Ereignisse eingefallen, mit denen Sie auch unzufrieden sind? Seien Sie an dieser Stelle vorsichtig, dass Sie nicht direkt wieder in das Thema einsteigen. Es reicht, wenn Sie ein Stichwort notieren, dem Grübeln also eine Überschrift geben.

4. **Folgen des Grübelns:** Im nächsten Schritt vergegenwärtigen Sie sich die *Konsequenzen des Grübelns*: Was ist mit Ihrer Stimmung passiert? Was haben Sie getan? Sind Sie aktiver oder energieloser geworden? Sind Sie mit einer Problemlösung vorangekommen oder haben Sie Dinge verstanden, die Ihnen vorher noch nicht klar waren? Überlegen Sie auch, was Sie zu diesem Zeitpunkt eigentlich hätten tun wollen oder müssen, wenn es nicht zum Grübeln gekommen wäre. Prüfen Sie also, ob das Grübeln dabei geholfen haben könnte, etwas Anstrengendes oder Unangenehmes zu vermeiden. Haben Sie z. B. eine Verabredung abgesagt oder eine Tätigkeit liegen lassen, weil Sie ins Grübeln geraten sind?

5. **Negative Metakognitionen:** Wenden Sie sich nun Bewertungen zu, die Sie in dieser Situation über das Grübeln selbst getroffen haben. Haben Sie in dieser speziellen Grübelsituation in irgendeiner Weise angefangen, über das Grübeln nachzudenken? Haben Sie so etwas gedacht wie »Oh nein, jetzt sitze ich hier schon wieder und grüble vor mich hin« oder »Ich vertue meine Zeit mit der ganzen Denkerei«? Wenn ja, was war es genau, das Sie am Grübeln gestört hat? Fanden Sie es nur nervig oder fanden Sie es richtiggehend besorgniserregend? Was genau beunruhigte Sie am Grübeln? Gab es Ideen (*negative Metakognitionen*) wie:

»Ich habe keine Kontrolle über mein Grübeln.«

»Ich bin meinen Grübeleien hilflos ausgeliefert.«

»Wenn ich weiter so viel grüble, werde ich als psychisches Wrack enden.«

»Wenn andere mitbekommen würden, dass ich so viel grüble,
würden sie sich von mir zurückziehen.«

»Das viele Grübeln zeigt, dass mit meinem Gehirn etwas nicht stimmt.«

»Grübeln zeigt, dass ich nicht normal bin.«

»Grübeln verhindert, dass ich auch nur einen klaren Gedanken
fassen kann.«

Prüfen Sie bitte auch, ob Ihnen solche Ideen über das Grübeln grundsätzlich vertraut sind, auch wenn Sie sich nicht daran erinnern, sie in der speziellen Grübelsituation gedacht zu haben. Um weitere Bewertungsgedanken zu erschließen, können Sie sich auch fragen, was das Schlimmste daran wäre, wenn Sie Ihr ganzes Leben weiterhin so viel grübeln würden.

Schätzen Sie abschließend bitte noch ein, wie kontrollierbar Sie das Grübeln – bei sich persönlich – einschätzen:

Wie viel Kontrolle haben Sie über das Grübeln?

0–20 Prozent	20–40 Prozent	40–60 Prozent	60–80 Prozent	80–100 Prozent

Grübeln ist unkontrollierbar
- ☐ stimme nicht zu
- ☐ stimme ein wenig zu
- ☐ stimme mäßig zu
- ☐ stimme stark zu

Wenn Sie der zweiten Aussage zumindest mäßig zustimmen, dann können Sie im Arbeitsblatt 1 unter *negative Metakognition* »Grübeln ist (nahezu/gänzlich) unkontrollierbar« ergänzen. Ab S. 75 werden wir uns mit der Unkontrollierbarkeit des Grübelns noch ausführlich beschäftigen.

6. Positive Metakognitionen: Kommen Sie nun wieder zu der speziellen Grübelsituation zurück. Fragen Sie sich, ob Ihnen das Grübeln in dieser Situation irgendetwas versprochen hat. Welche Versprechungen haben Sie zum Grübeln verführt? Was hat Sie in der Situation weitergrübeln lassen? Gab es Ideen (*positive Metakognitionen*) wie:

»Grübeln hilft mir, mich besser zu verstehen.«

»Grübeln hilft mir dabei, Dinge zu verarbeiten.«

»Grübeln hilft mir dabei, Problemlösungen zu finden.«

»Grübeln steigert den Druck, sodass ich ins Handeln komme.«

»Ich muss über meine Fehler nachdenken, um aus ihnen zu lernen.«

»Ich muss herausfinden, warum ich so geworden bin, damit ich mich verändern kann.«

»Es ist besser, pessimistisch zu sein, als enttäuscht zu werden.«

»Grübeln hilft mir, mich auf Enttäuschungen und Schwierigkeiten vorzubereiten.«

»Grübeln verschafft mir Erleichterung.«

»Darüber nachzudenken, wie schlecht ich bin, ist die Strafe, die ich verdiene.«

»Grübeln trägt dazu bei, dass ich wichtige Personen oder Ereignisse nicht vergesse.«

Prüfen Sie wiederum, ob Ihnen solche Ideen über das Grübeln grundsätzlich vertraut sind, auch wenn Sie sich nicht daran erinnern, sie in der speziellen Grübelsituation gedacht zu haben. Fragen Sie sich in diesem Zusammenhang auch, ob Grübeln möglicherweise für das Bild, das Sie von sich selbst haben bzw. haben möchten, relevant ist. Zum Beispiel: Hilft Grübeln Ihnen dabei, sich als tiefgründig, intellektuell oder sorgfältig zu erleben?

Stellen Sie sich dann noch die Frage, ob etwas Negatives passieren könnte, wenn Sie von heute auf morgen aufhören würden zu grübeln. Würde Ihnen dann etwas fehlen? Würde Ihnen etwas entgehen?

⬇ **ARBEITSBLATT 1** **Grübeln unter der Lupe** (Teismann u. a. 2012, S. 148)

---

1. Situation

- -

2. Auslöser
(Gedanken, Gefühle, Körperempfindungen)

- -

6. Was ich mir vom Grübeln erhoffe / was das Grübeln mir verspricht
(positive Metakognition):

- -

- -

3. Grübeln
über: -

- -

Wie? -

- -

5. Befürchtungen
über das Grübeln
(negative Metakognition):

- -

- -

4. Folgen des Grübelns

Gefühl / Stimmung	Denken	Verhalten

- -

- -

Funktion des Grübelns
Schützt das Grübeln vor etwas noch Unangenehmerem?
Was würde / müsste ich tun, wenn ich nicht grübeln würde?

- -

- -

All diese Fragen sind schwer zu beantworten. Insbesondere außerhalb von Grübelphasen kann der Gedanke, man verspräche sich etwas vom Grübeln, richtiggehend absurd erscheinen. Es ist deshalb wichtig, dass Sie sich diese Fragen erneut stellen, wenn Sie sich beim Grübeln erwischen. Menschen, die Angst vor Spinnen haben, können auch sehr vernünftig erklären, dass Spinnen ungefährlich sind und man keine Angst davor haben muss – bis eine vor ihnen sitzt! Möglicherweise verspricht Ihnen das Grübeln aber auch wirklich nichts. Kein Problem, dann ist es für Sie nicht wichtig, den Versprechungen des Grübelns zu widerstehen, sondern es geht für Sie nur darum, dass Sie mehr Kontrolle über Ihr Denken bekommen. Auch dazu werden in den folgenden Kapiteln verschiedene Möglichkeiten vorgestellt.

Eine erste Grübelsituation haben Sie nun sorgfältig analysiert. Wie Sie bemerkt haben, verlief die Analyse in einer etwas anderen Reihenfolge, als Arbeitsblatt 1 nahelegt. Das Arbeitsblatt muss also nicht unbedingt von oben nach unten ausgefüllt werden. Wir haben den Eindruck, dass die Reihenfolge, die wir Ihnen vorschlagen, es leichter macht, relevante Aspekte zu identifizieren. Sie können die Analyse auch in einer anderen Reihenfolge vollziehen. Grundsätzlich sollten Sie nicht erwarten, dass es Ihnen allein durch die Exploration schon irgendwie besser geht. Es ist ein Anfang – nicht mehr und nicht weniger. Wahrscheinlich braucht es auch noch einige Übung, bis es Ihnen wirklich leicht fällt, die einzelnen Punkte zu erkennen und zu benennen. Möglicherweise hilft Ihnen hierbei auch das folgende Beispiel:

BEISPIEL Renate Tellkamp, eine 40-jährige Yogalehrerin, leidet seit mehreren Jahren unter wiederkehrenden depressiven Episoden. Begonnen haben ihre psychischen Beschwerden, nachdem sich vor fünf Jahren herausgestellt hat, dass sie und ihr Mann keine Kinder bekommen können. Immer wieder grübelt sie darüber nach, ob sie damals noch andere Maßnahmen hätten ausprobieren sollen, ob es einen Unterschied gemacht hätte, wenn sie schon in jüngerem Alter versucht hätte, ein Kind zu bekommen, und ob sie mit einem anderen Mann wohl hätte Kinder bekommen können. Ihr Leben kommt ihr oft leer vor und sie leidet häufig unter einem massiven Gefühl von Wertlosigkeit. In Therapie hat sie sich begeben, weil sie endlich wieder Ruhe im Kopf haben wollte und sie sich vor einer weiteren depressiven Phase ängstigt.

Im Rahmen der Exploration schildert sie die Situation einer Gartenfeier, zu der ihr Mann und sie eingeladen waren (*Situation*). Grundsätzlich hat sie Gartenfeiern in den letzten Jahren tunlichst vermieden, weil ihr klar ist, dass alle Freunde ihre Kinder zu einer solchen Feier mitnehmen. Da die meisten Kinder nun aber nicht mehr so klein sind, hatte sie gedacht, dass es wohl wieder gehen könnte. Das war ein Fehler. Zunächst war alles gut gegangen. Die vielen Kinder empfand sie eher als laut und anstrengend. Dann beobachtete sie aber, wie ein kleiner Junge auf den Schoß seiner Mutter kletterte, nachdem er sich wehgetan hatte. Die beiden saßen ganz innig aneinandergekuschelt da. In diesem Moment dachte sie: »Ich bin die Einzige, die keine Kinder hat. Ich werde nie ein Kind auf dem Arm haben und ich werde nie richtig glücklich sein.« (*Auslöser*) Von da an ist es ihr nicht mehr gelungen, sich auf die Tischgespräche zu konzentrieren. Immer und immer wieder kreisten ihre Gedanken um den unerfüllten Kinderwunsch (*Grübelthema*). Sie fühlte sich zunehmend trauriger und gelähmter. Zwischenzeitlich schloss sie sich auf der Toilette ein, weil es ihr so schlecht ging.

Ihr Mann fragte sie, was mit ihr los sei. Sie bemühte sich dann sehr, weniger »neben der Spur« zu erscheinen. Das ist ihr aber nur mäßig gelungen, sodass sie die Feier – auf ihren Wunsch hin – vorzeitig verließ (*Konsequenzen des Grübelns*).

Die Grübelattacken beunruhigen sie sehr. Sie spürt keinerlei Kontrolle darüber und befürchtet, dass sie das ständige Grübeln irgendwann die Ehe kosten wird. Außerdem fürchtet sie, von Freunden und Freundinnen zunehmend abgelehnt zu werden, wenn sie grübelnd »in der Ecke rumsteht« (*negative Metakognitionen*). Dass das Grübeln ihr etwas verspricht, das kann sie nicht sagen. In der Situation selbst erlebte sie es nur als quälend.

Grundsätzlich hat sie manchmal die Idee, dass sie die Trauer um den unerfüllten Kinderwunsch noch nicht richtig verarbeitet hat und dass es gut für sie sein könnte, sich gedanklich viel damit zu beschäftigen, um so die Trauer durchzuarbeiten und hinter sich zu lassen (*positive Metakognitionen*). ■

Um das Grübeln zu überwinden, ist es ganz wichtig, dass Sie über mehrere Wochen (mindestens zwei) in stärkerem Maße darauf achtgeben, in welchen Situationen Sie anfangen zu grübeln, welche Gedanken Sie zum Grübeln provozieren und was Sie sich vom Grübeln versprechen bzw. am Grübeln fürchten. Nutzen Sie hierzu das Arbeitsblatt 1. Die genaue Selbstbeobachtung verfolgt dabei vor allem zwei Ziele: Zum einen werden Sie mit der Zeit schneller bemerken, dass Sie grübeln. Und zum anderen werden Sie besser verstehen, warum Sie grübeln. Ihr persönliches Grübelmodell wird Ihnen also helfen, Zusammenhänge zu erkennen und etwas mehr Ordnung im Grübelwirrwarr zu entdecken. Beides wird Ihnen dabei helfen, schneller aus Grübelprozessen auszusteigen bzw. gar nicht erst ins Grübeln hineinzugeraten.

Im nächsten Schritt geht es darum, mehr Kontrolle über die Ausrichtung der Aufmerksamkeit zu erlangen. Die menschliche Aufmerksamkeit ist begrenzt – wir nehmen immer nur einen Ausschnitt von dem wahr, was uns umgibt. Wenn Sie im Straßencafé sitzen und in ein Gespräch vertieft sind, werden Sie die Ameisenkarawane unter dem Tisch wahrscheinlich gar nicht bemerken – wenn Sie hingegen die Ameisen beobachten, werden Sie nicht mehr so viel von den Geschichten Ihres Gegenübers mitbekommen. Aufmerksamkeit ist wie ein Suchscheinwerfer: Wenn eine Sache im Spotlight steht, tritt sie sehr in den Vordergrund, während andere Dinge im Dunkel verschwinden.

Menschen mit Grübelproblemen berichten, dass es ihnen schwerfällt, sich auf etwas anderes als die Grübelgedanken zu konzentrieren. Wie von einem Magneten angezogen kehren die Gedanken immer wieder zu den gleichen Themen zurück, und selbst wenn man es gerne möchte, gelingt es nur schwer, die Aufmerksamkeit von negativen Gedanken und Gefühlen abzuwenden. Ab S. 54 wird beschrieben, dass das Klebenbleiben an negativen Informationen eine wichtige Ursache für anhaltendes Grübeln und depressive Stimmung sein kann. Solche Schwierigkeiten bei der Aufmerksamkeitsausrichtung gehen aber nicht nur mit vermehrtem Grübeln einher, sondern sie führen auch dazu, dass Informationen, die zur eigenen Sichtweise und Stimmung passen, vermehrt wahrgenommen werden. Wer traurig ist, bemerkt vor allem Informationen, die ebenfalls traurig stimmen. Wer sich für einen Versager hält, dem springen alle Belege für seine Unzulänglichkeiten ins Auge. Gegenläufige Informationen werden stattdessen kaum bemerkt, ausgeblendet und »unter den

Teppich gekehrt«. Die aktuelle negative Sichtweise scheint sich so immer wieder zu bewahrheiten. Vielleicht kennen Sie solche Aufmerksamkeitseffekte: Wenn man sich einsam fühlt und einen Partner sucht, sieht man sich schnell nur von (glücklichen) Paaren umgeben. Wenn man sich ein Kind wünscht, fallen einem plötzlich überall Kinderwagen auf. Unsere Aufmerksamkeit richtet sich also in besonderem Maße auf die Dinge, die uns gerade beschäftigen.

Welchen Effekt die Zuwendung von Aufmerksamkeit hat, lässt sich relativ einfach veranschaulichen. Wenn Sie jetzt für einen Moment Ihre ganze Aufmerksamkeit auf Ihre Zunge richten: Versuchen Sie genau zu spüren, wie Ihre Zunge im Mund liegt. Berührt sie die Zähne? Den Gaumen? Ist sie eher hart oder weich? Angespannt oder entspannt? Feucht oder trocken?

Was haben Sie erlebt? Viele Leute nehmen ihre Zunge erst wahr, wenn sie dazu aufgefordert werden – dabei ist sie doch den ganzen Tag da. Manche meinen, ein regelrechtes »Anschwellen« der Zunge zu verspüren – sie wird auf einmal als viel zu groß für den Mund wahrgenommen. Mit diesem kurzen Experiment wird deutlich spürbar, dass Dinge, auf die wir uns konzentrieren, bedeutsamer, häufiger und »größer« zu sein bzw. zu werden scheinen. Und genau das passiert, wenn man sich beim Grübeln anhaltend mit negativen Aspekten der eigenen Person und des eigenen Lebens beschäftigt. Letztlich steigt so das Risiko, dass traurige, ängstliche oder wütende Stimmungen anhalten oder sich sogar intensivieren.

Um das Grübeln zu überwinden, muss man deshalb mehr Kontrolle über die Ausrichtung der eigenen Aufmerksamkeit erlangen. Das Ziel besteht darin, den Aufmerksamkeitsscheinwerfer besser steuern zu können, sodass man in stärkerem

Maße selbst entscheiden kann, worauf man sich wie lange kon- zentrieren möchte und worauf eben nicht. Zu diesem Zweck hat Adrian WELLS (2011) ein Aufmerksamkeitstraining – die Attention Training Technique – entwickelt und untersucht. Bei diesem Training werden nacheinander verschiedene Facetten der Aufmerksamkeit trainiert – die sogenannte selektive Aufmerksamkeit, rasche Aufmerksamkeitswechsel und die geteilte Aufmerksamkeit. Die Gesamtprozedur dauert 10 bis 15 Minuten. In dieser Zeit werden sechs bis neun Alltagsgeräusche unterschiedlicher Lautstärke gleichzeitig dargeboten. Die Aufgabe besteht nun darin, sich auf jeweils ein Geräusch zu konzentrieren und alle anderen Geräusche auszublenden. Während im ersten Abschnitt des Trainings die Aufmerksamkeit nur langsam von einem Geräusch auf das nächste gerichtet wird, folgt im zweiten Teil des Trainings ein rascher Wechsel zwischen den einzelnen Geräuschen. Im dritten Teil des Trainings besteht die Aufgabe schließlich darin, so viele Geräusche wie möglich gleichzeitig wahrzunehmen.

Im Angesicht drängender und sicherlich wichtiger Alltagsprobleme erscheint dieses Training vielleicht komisch und von fragwürdigem Nutzen. Es mag skurril anmuten, sich auf eine Trillerpfeife zu konzentrieren und dabei das Geräusch einer Kaffeemaschine auszublenden, wenn man eigentlich Schwierigkeiten mit häufigem Grübeln und negativer Stimmung hat. Letztlich geht es aber einfach darum, die grundlegende Fähigkeit der bewussten Aufmerksamkeitssteuerung zu trainieren. Wenn Ihnen dies mit den Geräuschen gelingt, werden Sie es auch hinsichtlich Ihrer (Grübel-)Gedanken besser können. Schließlich konnte die Wirksamkeit dieses Trainings in einer Reihe von Einzelfalluntersuchungen gut dokumentiert werden.

So zeigte sich, dass die alleinige Durchführung des Trainings mit erheblichen Verbesserungen depressiver und ängstlicher Symptome einherging. (KNOWLES u. a. 2016)

Und wie kann das Training nun praktisch gestaltet werden? Hierfür gibt es verschiedene Möglichkeiten: Erstens können Sie die Geräusche-Zusammenstellung nutzen, die dem Buch beiliegt (als Downloadmaterial). Zweitens können Sie vollständige Trainingseinheiten auf der Internetseite www.metakognitive-therapie.de streamen bzw. für den persönlichen Gebrauch herunterladen oder Sie stellen sich drittens selbst Geräusche zusammen. Hierzu können Sie sich beispielsweise in die Küche setzen, das Fenster öffnen, leise Musik anmachen, den Wasserhahn tropfen lassen, die Spülmaschine anstellen usw. Sie können auch über Kopfhörer ein längeres Musikstück hören und auf die verschiedenen Instrumente fokussieren oder Sie achten bei der Nutzung öffentlicher Verkehrsmittel auf Fahrgeräusche, Geräusche von Leuten, die vor Ihnen sitzen, die hinter Ihnen sitzen, Geräusche von draußen usw. Gerade am Anfang ist es jedoch am einfachsten, die vorgefertigten Übungstracks zu nutzen.

Unabhängig davon, wie Sie üben, halten Sie sich immer an den folgenden Ablauf:

⬇ ÜBUNG Aufmerksamkeitstraining

▫ Selektive Aufmerksamkeit (Dauer: 5 Minuten)
Richten Sie Ihre Aufmerksamkeit nacheinander auf einzelne Geräusche. Bleiben Sie jeweils für ca. 30 Sekunden bei einem Geräusch.

▫ Aufmerksamkeitswechsel (Dauer: 5 Minuten)
Wechseln Sie schnell mit Ihrer Aufmerksamkeit von einem Geräusch zum nächsten. Sobald Sie ein Geräusch genau wahrneh-

men, versuchen Sie, sich auf das nächste Geräusch zu konzentrieren.

▫ Geteilte Aufmerksamkeit (Dauer: 2 Minuten)
Versuchen Sie, Ihre Aufmerksamkeit auf möglichst viele Geräusche gleichzeitig zu richten, also möglichst viele Geräusche auf
einmal wahrzunehmen.

Wenn möglich, sollten Sie Ihre Augen während der Übung
geöffnet halten, denn diese Übung ist keine Entspannungs-
übung. Fixieren Sie einen beliebigen Punkt im Raum und lassen
Sie Ihren Blick dort während der gesamten Übung ruhen.

Damit Sie sicher sein können, dass Sie tatsächlich von dem
Training profitieren und Fortschritte machen, sollten Sie den Ef-
fekt der Aufmerksamkeitsübung zudem protokollieren. Schät-
zen Sie daher *vor* und *nach* jedem Übungsdurchgang ein, wie
stark Sie mit Ihrer Aufmerksamkeit *bei sich* sind (-3), also auf
Ihre Gedanken und Ihre Gefühle achten, bzw. wie stark Sie mit
Ihrer Aufmerksamkeit *außen* sind (+3), also die verschiedenen
Geräuschquellen wahrnehmen.

| -3 | -2 | -1 | 0 | +1 | +2 | +3 |

Aufmerksamkeit nach innen gerichtet   Aufmerksamkeit nach außen gerichtet

Mit der Zeit sollten Sie einen Anstieg von mindestens zwei
Skalenpunkten erleben.

Setzen Sie sich aber nicht unter Druck. Gerade am Anfang
sind die Übungen nicht leicht. Schwierigkeiten können dadurch
entstehen, dass die Aufmerksamkeit an einzelnen, sehr domi-
nanten Geräuschen hängenbleibt oder dass die Gedanken im-

mer wieder abschweifen. Beides ist anfänglich ganz normal und wird mit zunehmender Praxis weniger werden. Zumal ablenkende Gedanken nicht von Nachteil sein müssen – sie erschweren die Fokussierung der Aufmerksamkeit und verbessern dadurch langfristig die Effektivität der Prozedur. Sollte es Ihnen nicht gelingen, sich mit geöffneten Augen auf die Geräusche zu konzentrieren, dann führen Sie die Übung zunächst mit geschlossenen Augen durch. Wenn Sie damit erste Erfolge haben, versuchen Sie erneut, die Augen geöffnet zu lassen.

Schließlich wird die Prozedur von manchen als nervig und anstrengend erlebt. Tatsächlich können gerade solche Erfahrungen und Bewertungen darauf hindeuten, dass das Training der Aufmerksamkeit wichtig und richtig ist. Versuchen Sie daher ausdauernd zu sein, auch wenn der Anfang schwer ist.

Das Training der Aufmerksamkeitssteuerung lässt sich mit dem Aufbau von Muskeln vergleichen: Es braucht Zeit und nachhaltige Übung. Es hat sich bewährt, zweimal täglich für 10 bis 15 Minuten zu trainieren. Sie sollten das Training jedoch nicht durchführen, wenn es Ihnen aktuell besonders schlecht geht, und Sie sollten die Fokussierung auf unterschiedliche Geräusche nicht nutzen, um sich in schwierigen Situationen abzulenken. Es geht bei dem Training um eine allgemeine Verbesserung Ihrer Konzentrationsfähigkeit und nicht um eine Ablenkungs- oder Vermeidungsstrategie.

Wenn Sie merken, dass Sie sich mit dem Aufmerksamkeitstraining – auch nach längerem Ausprobieren – nicht anfreunden können, sind Methoden der achtsamen oder konzentrativen Meditation eine alternative Möglichkeit zur Verbesserung der Aufmerksamkeitskontrolle.

Techniken der Achtsamkeitsmeditation sind mittlerweile fester Bestandteil von verschiedenen anerkannten psychotherapeutischen Behandlungsformen. Unter Achtsamkeit wird dabei eine bestimmte Form der Aufmerksamkeitslenkung verstanden, die durch drei Merkmale gekennzeichnet ist: (1) absichtsvoll, (2) im gegenwärtigen Moment und (3) nicht wertend (KABAT-ZINN 1990). Achtsamkeit üben bedeutet somit, die Aufmerksamkeit immer wieder absichtsvoll zum Erleben des gegenwärtigen Augenblicks zurückzuholen und Erfahrungen der Gegenwart mit einer möglichst großen Offenheit und Akzeptanz zu begegnen. Zentrale Übungsmethoden der Achtsamkeits- oder Vipassana-Meditation sind dabei erstens die Atembetrachtung, d. h. die achtsame Fokussierung auf den eigenen Atem, zweitens der »Body-Scan«, bei dem die Übenden nacheinander die einzelnen Regionen ihres Körpers achtsam wahrnehmen, und drittens die Sitzmeditation. Audioanleitungen für diese verschiedenen Übungen finden sich auf z. B. auf einer CD von MICHALAK u. a. (2012).

In diversen Untersuchungen zeigte sich, dass das Einüben von Achtsamkeit mit einer Abnahme depressiven Erlebens und Grübelns sowie einer Zunahme von Wohlbefinden einhergeht. Die Wirkung anhaltender Meditationspraxis auf die Fähigkeit, spontane Aufmerksamkeitsprozesse zu beeinflussen, konnten beispielsweise Heleen SLAGTER und ihre Kollegen (2007) von der University of Wisconsin eindrucksvoll belegen. Sie untersuchten Personen mit mehrmonatiger Meditationserfahrung hinsichtlich des sogenannten »Attentional Blink«. Dieser Begriff bezeichnet ein kurzfristiges, mit dem Blinzeln vergleichbares Aussetzen der Aufmerksamkeit. In Untersuchungen zu diesem Phänomen wird den Versuchspersonen eine Reihe von Buchstaben in rascher Folge dargeboten. Zwischen den Buchstaben erscheinen einzelne Zahlen, die für die meisten Personen leicht zu identifizieren sind. Wird nun aber unmittelbar nach der ersten Zahl eine zweite Zahl dargeboten, so kann diese von den meisten Personen nicht mehr erkannt werden. Lange Zeit galt dieses Phänomen als unbeeinflussbar durch äußere Einflüsse. SLAGTER und ihre Kollegen (2007) konnten nun aber zeigen, »dass Personen, die über drei Monate hinweg intensiv Vipassana-Meditation trainierten, häufiger als Personen ohne Meditationstraining diese ›Schallmauer‹ durchbrechen konnten. Das heißt, diese Personen entdeckten den zweiten kritischen Reiz unterhalb der kritischen Zeitmarke von einer halben Sekunde« (VAITL 2012, S. 40). Die beiden Gruppen (Personen mit und ohne Meditationserfahrung) unterschieden sich übrigens erst nach dem Training, nicht aber vor dem Training in ihrer Aufmerksamkeitskapazität voneinander. Man kann also davon ausgehen, dass die Meditation die Ursache für die Verbesserung der Aufmerksamkeitsleistung ist.

Die Befunde verweisen darauf, dass Meditierende lernen, die beschränkten Kapazitäten der Aufmerksamkeit ökonomischer zu nutzen, stärker zu bündeln und sich weniger leicht ablenken zu lassen. Die beschriebene Studie stellt dabei keinen Einzelfall dar. Vielmehr konnte mittlerweile in verschiedenen Studien gezeigt werden, dass sich durch das Einüben von Achtsamkeitsmeditationen die Aufmerksamkeitsleistung nachweislich verbessert. Achtsamkeitsmeditation ist somit eine echte Alternative zum Aufmerksamkeitstraining.

Menschen, die viel grübeln, empfinden das Grübeln oftmals als unkontrollierbar. Diese Einschätzung trägt dazu bei, dass man sich hilflos fühlt und gar nicht erst versucht, etwas gegen das Grübeln zu unternehmen. Da Grübeln eine komplexe, kapazitätsfordernde mentale Aktivität ist, lässt es sich aber grundsätzlich durch andere aufmerksamkeitsabsorbierende Aktivitäten (Sport, Lesen, Meditation etc.) unterbrechen. Manchen Betroffenen hilft es schon, zu verstehen, dass sie Kontrolle haben, die meisten Menschen müssen aber auch konkrete Kontrollerfahrungen machen. Bitte fordern Sie die Idee, Grübeln sei unkontrollierbar, mit den folgenden Fragen einmal heraus (SIMONS 2014):

◻ Haben Sie jemals gegrübelt und nicht mehr damit aufgehört? Wenn Grübeln unkontrollierbar ist, wie kommt es, dass es irgendwann aufhört?

◻ Könnten Sie versuchen, noch intensiver zu grübeln? Was sagt das darüber aus, wie sehr Sie das Grübeln beeinflussen können?

◻ Was passiert mit Ihrem Grübeln, wenn plötzlich etwas Unerwartetes passiert, z.B. Sie die Tasse mit heißem Kaffee umstoßen oder Ihr Hund den Postboten anfällt? Ist das ein Beleg dafür, dass es kontrollierbar oder nicht kontrollierbar ist?

◻ Wie viel Kontrolle über das Grübeln haben Sie sich – als Sie auf S. 61 danach gefragt wurden – zugeschrieben? Warum haben Sie sich 20-, 40-, 60- oder 80-prozentige Kontrolle zugeschrieben? Welche Erfahrungen liegen dieser Einschätzung zugrunde?

Zu welchem Schluss sind Sie gekommen? Die meisten Menschen schätzen Ihre Einflussmöglichkeiten auf das Grübeln als gering ein – die wenigsten berichten hingegen von o Prozent Kontrolle. Es gilt deshalb, Strategien zu finden, mit denen sich die geringe, aber dennoch vorhandene Kontrolle steigern lässt. Es gilt zudem, den Glauben an die eigenen Kontrollmöglichkeiten zu stärken. Wenn Sie davon überzeugt sind, dass Sie das Grübeln sowieso nicht kontrollieren können, dann trägt diese pessimistische Haltung womöglich dazu bei, dass bestehende Kontrollmöglichkeiten nicht genutzt werden. Zudem werden hilfreiche Strategien zum Beispiel zur Ablenkung häufig dahingehend diskreditiert, dass sie einem nicht langfristig dabei helfen, ein Grübelthema abzuschütteln oder ein Problem wirklich zu lösen. Das stimmt. Gleichwohl können sie einem aber dabei helfen, den Zeitpunkt selbst zu bestimmen, zu dem man sich mit bestimmten Themen auseinandersetzen möchte. Und sie können einem dabei helfen, sich mit den Themen in einer weniger negativen bzw. angespannten Stimmung auseinanderzusetzen.

In den folgenden Kapiteln stellen wir Ihnen verschiedene Strategien vor, mit denen Sie dem Grübeln den Aufmerksamkeitsboden entziehen können. Halten Sie Ausschau nach solchen Strategien, die Sie in Zukunft öfter verwenden wollen, und tragen Sie sie in Arbeitsblatt 2 zusammen. Das können Strategien sein, von denen Sie schon wissen, dass sie gut bei Ihnen wirken, oder ganz neue Strategien, die Sie demnächst ausprobieren wollen. Langfristig wird Ihnen natürlich auch das Aufmerksamkeitstraining dabei helfen, mehr Kontrolle zu erleben.

⬇ **ARBEITSBLATT 2** **Ablenkung, Aktivität und Achtsamkeit**

Strategien, die mir kurzfristig helfen, Grübeleien zu unterbrechen oder zu beenden:

ABLENKUNG:

1. _____

2. _____

3. _____

4. _____

am Arbeitsplatz: _____

nachts: _____

AKTIVITÄT:

1. _____

2. _____

3. _____

4. _____

am Arbeitsplatz: _____

nachts: _____

ACHTSAMKEIT AUF:

1. _____

2. _____

3. _____

4. _____

am Arbeitsplatz: _____

nachts: _____

Ablenkung hat in der Psychotherapie keinen guten Ruf. Zu groß ist die Nähe zur Vermeidung, und statt zu vermeiden sollte man sich besser seinen Themen stellen und sich mit ihnen auseinandersetzen. So lautet eine gängige Meinung. Dies stimmt oft, aber eben nicht immer. Wie schon auf den Seiten 21 bis 24 dargestellt, hat Nolen-Hoeksema in vielen Untersuchungen die Wirkung des Grübelns mit der Wirkung von Ablenkung kontrastiert.

In diesen Experimenten werden die Teilnehmenden entweder aufgefordert, sich grüblerisch mit ihrer negativen Stimmung auseinanderzusetzen oder sich von dieser abzulenken. Ablenkung wird dadurch geschaffen, dass die Probanden für acht Minuten an Dinge denken sollen, die nichts mit ihren Emotionen und ihrem Selbstwert zu tun haben; z.b. wird ihnen gesagt: »Denken Sie an eine kühle Brise an einem heißen Tag« oder »Denken Sie an Ihren örtlichen Supermarkt«. Die Personen werden also aufgefordert, sich mit relativ unpersönlichen und trivialen Vorstellungsbildern abzulenken. In der Regel zeigt sich nun, dass Ablenkung eine Aufhellung der Stimmung mit sich bringt. Der Effekt der Ablenkung scheint darauf zurückzuführen sein, dass eine Aktivierung und Zunahme negativer Gedanken verhindert wird und so der negativen Stimmung die Grundlage entzogen wird. In der Folge erhöht sich die Motivation und Fähigkeit, angemessene Problemlösungen zu finden und umzusetzen.

Ablenkung kann Ihnen also die Pause verschaffen, die Sie brauchen, um wieder handlungsfähig zu werden. Eine ablenkende Wirkung ist vor allem von solchen Aktivitäten zu erwarten, die die Aufmerksamkeit tatsächlich absorbieren. Lustlos durchs Fernsehprogramm zu zappen ist hierbei sicher weniger hilfreich, als einen kurzen Clip der eigenen Lieblingsband oder Lieblingsserie zu gucken. Letztlich sind die Dinge, die Ablenkung verschaffen können, von Person zu Person unterschiedlich. Grundsätzlich empfiehlt es sich, immer wieder für Abwechslung hinsichtlich der gewählten Ablenkungsstrategien zu sorgen, da vor allem Neues die Aufmerksamkeit bindet.

BEISPIELE für Ablenkungsstrategien: etwas Interessantes lesen, einen spannenden Film ansehen, mit Interesse fernsehen, bewusst Musik, Radio oder Hörbücher hören, Computerspiele spielen, kochen (neue Rezepte ausprobieren), essen, jemanden anrufen, sich mit Haustieren beschäftigen ■

Nun lässt sich einwenden, dass man sich nicht immer von negativen Gedanken und Erinnerungen ablenken kann. Das stimmt! Ablenkung ist hilfreich und sinnvoll in Situationen, in denen man aufgeregt ist, einem viele negative Gedanken durch den Kopf gehen und man beginnt, sich mehr und mehr auf die negativen Seiten des eigenen Lebens einzuschießen. Sie lernen beispielsweise für eine Prüfung und stellen fest, dass Sie nicht weiterkommen, weil Ihre Gedanken wiederholt zu schlechten Prüfungsergebnissen in der Vergangenheit zurückkehren. In dieser Situation kann eine kurze mit Ablenkung gefüllte Pause hilfreich sein, um sich danach weniger verzagt an den Schreibtisch zurückzusetzen. Oder aber Sie liegen im Bett, können nicht schlafen, weil Ihnen eine Auseinandersetzung mit einem Vorgesetzten durch den Kopf geht. In dieser Situation mag es hilfreich sein, aus dem Bett aufzustehen und auf dem Sofa eine Zeit lang zu lesen oder fernzusehen, bevor Sie erneut ins Bett gehen.

Wenn Themen immer wiederkehren, wird man sich ihnen irgendwann zuwenden müssen – fortwährende Ablenkung ist dann keine Option. Möglicherweise dient Ablenkung unter solchen Bedingungen auch eher der Vermeidung und trägt so zur Aufrechterhaltung von Schwierigkeiten bei. Wenn Sie sich sehr oft ablenken, sollten Sie sich deshalb fragen, ob kurzfristige Ablenkung Ihnen dabei hilft, Ihre Gefühle und Gedanken so zu regulieren, dass Sie sich anschließend besser mit Schwierigkeiten auseinandersetzen können, oder ob häufige Ablenkung dazu führt, dass sich Ihre Probleme eher weiter verschärfen – weil Sie sich eben nicht damit auseinandersetzen. Schließlich sei von solchen Ablenkungsstrategien abgeraten, die zwar kurzfristig hilfreich sein mögen, sich langfristig aber ungünstig auf die körperliche Gesundheit bzw. die Selbstachtung auswirken, wie z.B. der Missbrauch von Alkohol, Essattacken oder Ähnliches.

▪▪▪ Aktivität

In vielen Fällen ist es hilfreich, sich nicht nur gedanklich oder eher passiv (durch Lesen, Fernsehen etc.) abzulenken, sondern körperlich aktiv zu werden. Jannay MORROW und Susan NOLEN-HOEKSEMA (1990) verglichen in einer Studie zwei Arten von Ablenkung: Die Personen in der einen Gruppe bekamen eine ablenkende Aufgabe gestellt, bei der sie sich im Raum bewegen mussten, während die Probanden der anderen Gruppe sitzen blieben und sich rein gedanklich ablenkten. In der ersten Gruppe kam es zu einem deutlich stärkeren Rückgang negativer Stimmung als bei der zweiten Gruppe. Es lässt sich vermuten, dass körperliche Aktivität biochemische Vorgänge in Gang setzt, die einem dabei helfen, die eigene Stimmung zu stabilisieren. Wieder eignen sich besonders solche Tätigkeiten, die die ganze Aufmerksamkeit in Anspruch nehmen, weil sie interessant, spannend oder herausfordernd sind. Manchmal hilft aber

auch schon kurze Bewegung: Holen Sie sich im Büro einen Kaffee oder gehen Sie kurz in die Cafeteria, wenn Sie merken, dass
Sie gedanklich feststecken.

BEISPIEL aufstehen, spazieren gehen, Sport machen, Musik machen, Gartenarbeit, Hausarbeit, Tiere versorgen, kochen, tan-
zen, Orts- oder Tapetenwechsel vornehmen, die Wohnung um-
räumen, Freunde treffen ■

Vielen hilft sportliche Aktivität. Monotone Sportarten, die
nur wenig Konzentration erfordern, wie beispielsweise Laufen
und Schwimmen, sind dabei allerdings weniger geeignet als
Sportarten, die viel Aufmerksamkeit und schnelles Reagieren
erfordern.

Grübeln löst Aktivität aus

Die amerikanischen Therapeuten Michael Addis und Christopher Martell (2004) verfolgen die Idee, Grübeln mit Aktivität zu begegnen, mit
großer Konsequenz. Sie gehen davon aus, dass man lernen kann, Grübeln als Hinweisreiz, quasi als Startschuss, für Aktivität zu nutzen.
Hierfür haben sie das englische Akronym RCA = Rumination cues ac-
tion (Grübeln bedingt Aktivität) geprägt. Ein »Cue« ist ein Hinweisreiz,
der ein bestimmtes Verhalten hervorruft. Beispielsweise ist ein rotes
Ampellicht ein Hinweisreiz, der Sie mehr oder weniger automatisch
dazu bringt, langsamer zu fahren bzw. anzuhalten. In diesem Sinne
sollte die Wahrnehmung, dass man grübelt, zu einem Hinweisreiz für
unmittelbare Aktivität werden: »Aha, ich grüble, also muss ich aktiv
werden.« Bis es zu einer solchen (automatischen) Kopplung kommt,
braucht es natürlich sehr viel Zeit und Übung. Entscheidend ist, dass
man den Vorsatz, auf Grübeln mit Aktivität zu reagieren, langfristig
aufrechterhält und sich sehr genau überlegt, mit welcher Aktivität
man dem Grübeln in welcher Situation begegnen möchte.

Einen Großteil unseres Alltags erledigen wir im »Autopiloten-Modus«: Unser Körper erledigt eine Sache, während unser Geist mit anderen Themen beschäftigt ist. Wir fahren Auto und denken über die vergangene Besprechung nach. Wir unterhalten uns auf einer Party und denken gleichzeitig darüber nach, ob wir ein interessanter Mensch sind. Nun ist es in vielen solcher Situationen keine Option, sich abzulenken oder kurz sportlich aktiv zu werden. Etwas, auf das man sich jedoch jederzeit und ohne weitere Hilfsmittel oder Vorbereitung konzentrieren kann, sind die Sinneseindrücke des Augenblicks. Der Versuch, im gegenwärtigen Moment präsent zu sein, kann ein hilfreiches Gegengift zu vergangenheitsorientiertem Grübeln bzw. zukunftsbezogenem Sorgen sein.

Richten Sie Ihre Aufmerksamkeit – in Situationen, in denen Sie drohen, sich in Grübeleien zu verlieren – auf gegenwärtige Sinneseindrücke (z. B. Gerüche, Farben, Geräusche, Körperhaltung) und versuchen Sie, sich so im gegenwärtigen Moment zu erden. Versuchen Sie in sozialen Situationen, Ihre Aufmerksamkeit ganz nach außen auf die sozialen Gegebenheiten zu richten, also auf die Dinge, die Sie sehen, die andere Leute erzählen usw. Das klingt natürlich leichter, als es tatsächlich ist! Das Training der Aufmerksamkeit (siehe S. 67–72) wird Ihnen dabei helfen, diesen Vorsatz auch tatsächlich umzusetzen. Alternativ kann diese Fähigkeit mithilfe von Achtsamkeitsmeditation trainiert werden. Möglicherweise brauchen Sie aber auch gar kein spezifisches Training, sondern entscheiden sich einfach im Alltag häufiger dafür, sich auf die Dinge um Sie herum zu konzentrieren, und üben auf diese Weise.

Sämtliche beschriebenen Strategien sind geeignet, Kontrolle über das Grübeln zu erleben. Warnen wollen wie Sie von einer Strategie, die intuitiv sinnvoll erscheint, in Wirklichkeit aber das Problem verschärft: der Versuch, bestimmte Gedanken *nicht* zu denken. Durch den Versuch, Gedanken zu unterdrücken, wird eben diesen Gedanken eine besondere Bedeutung beigemessen und sie gelangen eher noch häufiger ins Bewusstsein. Gut demonstrieren lässt sich dies an einem gängigen Gedankenexperiment:

ÜBUNG Gedankenunterdrückungsexperiment
Für die nächste Minute ist es Ihre Aufgabe, NICHT an einen weißen Bären zu denken. An alles andere dürfen Sie natürlich denken – nur an einen weißen Bären dürfen Sie auf gar keinen Fall denken! Es ist ganz wichtig, dass sie nicht an den weißen Bären denken! Wenn Sie doch an einen weißen Bären denken, machen Sie bitte einen Strich auf ein Blatt Papier. Die Minute beginnt jetzt ...

Wie viele Striche haben Sie gemacht? Wie fast alle Menschen werden wahrscheinlich auch Sie erlebt haben, dass es auf diese Weise nicht gelingt, Gedanken an den weißen Bären zu verdrängen. Immer wieder läuft der Bär durchs Bild oder lugt um die Ecke. Das heißt, wenn man versucht, absichtlich nicht an bestimmte Dinge zu denken, tauchen gerade diese Gedanken häufiger auf, insbesondere dann, wenn man gestresst ist oder es einem stimmungsmäßig nicht gut geht. So entsteht leicht der Eindruck der Unkontrollierbarkeit (»Jetzt bemühe ich mich schon so sehr, nicht an meine Arbeit zu denken, und trotzdem ist sie dauernd in meinem Kopf!«). Es handelt sich um einen normalen Effekt, der bei den allermeisten Menschen auftritt, wenn sie versuchen, Gedanken zu unterdrücken. Und wenn dies schon bei neutralen Dingen wie weißen Bären geschieht, ist klar, dass dies erst recht für Grübeleien gilt, die einen alles andere als kalt lassen. Sich vorzunehmen »Ich darf nicht an meine Exfrau denken!« wird also nicht funktionieren.

Sie können sich das so vorstellen, als stünde Ihrer Aufmerksamkeit nur ein einziger Speicherplatz zur Verfügung: Wenn in diesem Speicherplatz »nicht weißer Bär« oder »nicht Exfrau« steht, ist der Bär oder die Exfrau eben doch anwesend. Statt mit »nicht Bär« können Sie diesen Speicherplatz aber mit etwas anderem füllen, z. B. mit einer angenehmen Tätigkeit.

Unterdrückung und der Inhalt von Träumen

In einer Vielzahl von Untersuchungen zeigte sich, dass der Versuch, Gedanken zu unterdrücken, dazu beiträgt, dass diese entweder unmittelbar oder zeitlich verzögert vermehrt ins Bewusstsein gelangen. In einzelnen Untersuchungen zeigte sich überdies, dass Gedankenunterdrückung und häufiges Grübeln miteinander einhergehen. Hier kann man von einer gegenseitigen Aufschaukelung ausgehen: Häufiges Grübeln löst Versuche aus, dem Gedankenkreisen durch Unterdrückung Herr zu werden, und genau diese Strategie trägt zu einer Zunahme von Grübeleien bei. Hinzu kommt, dass traurige Menschen oftmals versuchen, sich mit traurigen Gedanken von ihren traurigen Gedanken abzulenken.

Die Macht unterdrückter Gedanken konnte eindrucksvoll in einer Untersuchung des Harvard-Professors Daniel Wegner illustriert werden (WEGNER u. a. 2004). In dieser Studie wurden 330 Studierende per Zufall einer von drei Gruppen zugeteilt. Alle Teilnehmenden erhielten ein Instruktionsheft, das sie erst kurz vor dem Schlafengehen öffnen und lesen durften. Darin wurden sie aufgefordert, an zwei Personen zu denken: Die erste Person sollte jemand sein, mit dem die Probanden nie partnerschaftlich bzw. sexuell zusammen gewesen waren, dem gegenüber sie aber durchaus romantische Gefühle hatten. Die zweite Person sollte jemand sein, den sie wirklich mochten, zu dem sie sich aber nie partnerschaftlich bzw. sexuell hingezogen fühlten.

Den Probanden der ersten Gruppe wurde anschließend eine Gedankenunterdrückungsaufgabe gestellt: »Bitte denken Sie in den folgenden fünf Minuten nicht an eine der beiden vorgestellten Personen. Sie können über alles andere nachdenken, aber nicht über diese Personen.« Die Probanden in der zweiten Gruppe sollten besonders stark über eine der vorgestellten Personen nachdenken, jenen in der dritten Gruppe wurde gänzlich offengelassen, worüber sie nachdachten. Am nächsten Morgen öffneten alle Probanden unmittelbar nach dem Aufstehen ein weiteres Instruktionsheft. Nun wurden sie gebeten, aufzuschreiben, wovon sie in der zurückliegenden Nacht geträumt hatten. Zudem sollten sie einschätzen, inwieweit sie von den beiden Personen, an die sie abends zuvor gedacht hatten, träumten.

Es zeigte sich, dass die Teilnehmenden, denen es untersagt wurde, an eine der vorgestellten Personen zu denken, besonders häufig von ebendieser Person träumten. Und dies ganz unabhängig davon, ob es um die »angehimmelte« Person oder einfach nur einen platonischen Freund ging. Letzteres spricht dafür, dass nicht eine größere emotionale Erregung für die häufigeren Träume sorgte, sondern tatsächlich der Versuch, Gedanken an diese Personen zu unterdrücken.

Unterdrückte Gedanken verfolgen uns also sogar bis in den Schlaf und unsere Träume hinein!

Abschließend sei noch eine weitere Möglichkeit vorgestellt, wie Kontrolle über das Grübeln erfahren werden kann. Es handelt sich um ein Verhaltensexperiment, das in der therapeutischen Praxis oft eingesetzt wird. Probieren Sie es einmal aus, bevor Sie es bewerten:

ÜBUNG Grübelaufschub

Wenn Sie bemerken, dass Sie anfangen zu grübeln, schreiben Sie sich bitte kurz auf, worüber Sie grübeln wollen, und verschieben Sie dann den Grübelprozess auf einen späteren Zeitpunkt des Tages. Sagen Sie sich, dass Sie sich später Zeit nehmen werden, diese wichtigen Themen zu überdenken, dass Sie sich jetzt aber um andere Dinge kümmern müssen.

Legen Sie jeden Tag eine Uhrzeit fest, zu der Sie sich für 15 bis 20 Minuten mit den Grübeleien beschäftigen werden. Achten Sie darauf, dass diese Zeiten mindestens zwei Stunden vor Ihrer Zubettgehzeit liegen.

Erlauben Sie sich zu der vorgesehenen Zeit, wenn es notwendig ist, für 15 bis 20 Minuten zu grübeln. Stellen Sie sich einen Wecker, um sicher zu sein, dass Sie nicht länger grübeln. Wenn die Zeit um ist, gehen Sie sich das Gesicht waschen und nehmen Sie dann Ihre normale Alltagsbeschäftigung wieder auf.

Sollten Sie Sorge haben, dass Sie das Grübeln nicht mehr beenden können, wenn Sie einmal begonnen haben, dann machen Sie sich vorab Gedanken über geeignete Ablenkungsstrategien, die Sie nach der Grübelzeit einsetzen können. Alternativ können Sie aber auch planen, dass Sie in der Grübelzeit nicht grübeln, sondern Schwierigkeiten konstruktiv – mit »Wie-Fragen« – durchdenken (siehe S. 16). Viele Leute, die mit dem Grübelaufschub experimentieren, machen aber ohnehin die Erfahrung, dass Sie die Grübelzeiten gar nicht benötigen. Einmal aufgeschoben scheinen Grübelthemen häufig ihre Intensität und Dringlichkeit zu verlieren. Es ist also völlig okay, wenn Sie die Grübelzeiten nicht nutzen. Aber auch dann, wenn Sie die Grübelzeiten nutzen sollten, hilft Ihnen der Grübelaufschub dabei, sich mehr und mehr als Herr im Haus der eigenen Gedanken zu erleben. Sie können selbst entscheiden, wann es für Sie passend ist und wann nicht, sich mit bestimmten Themen auseinanderzusetzen.

Nutzen des Grübelaufschubs

Die Effektivität des Grübelaufschubs konnte in einer Studie von Jos Brosschot und Margot von der Doef (2006) an 171 niederländischen Schülern gezeigt werden. Alle teilnehmenden Schüler wurden aufgefordert, über den Zeitraum von einer Woche zu notieren, wie oft und wie lange sie sich über etwas Sorgen gemacht haben. Die Hälfte der Schüler wurde zudem gebeten, ihre Sorgen jeweils auf eine 30-minütige Grübelzeit am Abend des jeweiligen Tages zu verschieben. Es zeigte sich, dass diejenigen Schülerinnen und Schüler, die den Grübelaufschub genutzt hatten, nicht nur von kürzeren Grübelphasen (31 Prozent weniger Grübeln binnen einer Woche) berichteten. Am Ende der Woche litten sie zusätzlich unter weniger körperlichen Beschwerden als die Schüler, die ihre Sorgen nur protokolliert hatten. Durch eine relative simple Intervention ließ sich bei gesunden Schülerinnen und Schülern also ein relativ deutlicher psychischer und körperlicher Effekt zeigen!

Noch mal das Wesentliche

Grübeln ist ein komplexer Denkprozess, und obwohl er oftmals unkontrollierbar und unbeeinflussbar erscheint, ist er dies nicht. Ablenkung, Aktivität und die Ausrichtung der Aufmerksamkeit auf gegenwärtige Sinneseindrücke können helfen, um kurzfristig aus Grübeleien auszusteigen. Zudem lässt sich der Aufschub von Grübeleien nutzen, um Kontrollerfahrungen zu machen. Abzuraten ist hingegen vom Versuch, unliebsame Gedanken zu unterdrücken. Sie können Arbeitsblatt 2 nutzen, um persönliche relevante Strategien zusammenzutragen und bewusst zu halten. Damit Sie immer wieder aufs Neue Ihre Aufmerksamkeit beanspruchen, sollten Sie Ihre Strategien gelegentlich wechseln. Am besten legen Sie sich ein ganzes Repertoire solcher Strategien für verschiedene Situationen zurecht: Strategien für den Arbeitsplatz, Strategien, die nachts hilfreich sind usw. Die Wirksamkeit aller Strategien ist schließlich an vier Bedingungen geknüpft. Sie müssen (1.) bemerken, dass Sie grübeln, (2.) sich entscheiden, dass Sie das Grübeln unterbrechen / beenden wollen, (3.) eine Strategie auswählen und (4.) diese lange genug anwenden, sodass sie wirken kann.

BEISPIEL Peter Wiesbel, ein 50-jähriger städtischer Angestellter, gerät regelmäßig ins Grübeln, wenn er mit eigenen Unzulänglichkeiten konfrontiert wird. Die Auslöser hierfür sind ganz verschieden: Es kann sich um Versäumnisse bei der Arbeit handeln, um Meinungsverschiedenheiten mit seiner erwachsenen Tochter oder um Schwierigkeiten, amtliche Schreiben zu verstehen. Manchmal genügt auch schon ein skeptischer Blick seiner Frau. In solchen Situationen zieht Herr Wiesbel sich in sein Arbeitszimmer zurück. Oft sitzt er dann eine ganze Stunde im Sessel und sinniert. Mittlerweile hat er es sich zur Gewohnheit ge-

macht, in solchen Phasen eine Runde mit dem Hund zu drehen.
Das hilft manchmal, oft aber auch nicht. Im Gespräch mit seiner
Psychotherapeutin kristallisiert sich heraus, dass Herr Wiebel
nur dann von den Spaziergängen profitiert, wenn er andere
Hundebesitzer trifft (und in ein Gespräch verwickelt wird) oder
wenn er sich unterwegs mit dem Hund intensiv beschäftigt (z. B.
weil er eine Frisbeescheibe mitgenommen hat und den Hund
diese apportieren lässt). Die Aktivierungsstrategie »Spazieren-
gehen« wird entsprechend dahingehend spezifiziert, dass die
Spaziergänge idealerweise zu einer Hundewiese führen, auf der
auch andere Hundebesitzer anzutreffen sind, und dass Herr
Wiesbel auf eine aktive Beschäftigung mit dem Hund achtgibt.

Passive Ablenkungsstrategien helfen Herrn Wiesbel insgesamt
wenig: Wenn es ihm nicht gut geht, kann er sich auf die Zeitung
nicht gut konzentrieren, und Hörbücher, Musik und Filme interessierten ihn nicht so. Hilfreich ist es hingegen immer, wenn
er gegen seinen Computer Schach spielt (hierzu kann er sich
aber nicht immer aufraffen). In Bezug auf nächtliche Grübeleien
versucht Herr Wiesbel – nachdem sich Strategien wie Aufstehen, Lesen oder Aufräumen als nicht hilfreich herausgestellt haben –, seine Aufmerksamkeit auf gegenwärtige Sinneseindrücke
zu fokussieren. Er konzentriert sich dann auf die Schlafgeräu-
sche seines Hundes, seiner Frau oder auf seine eigene Atmung.
Es kommt ihm ein bisschen wie autogenes Training vor und oft
hilft es. Entscheidend ist aber vor allem, dass er weniger »ver-
krampft«. Früher hat er sich immer gesagt: »Du darfst jetzt
nicht weiter darüber nachdenken, sonst schläfst du nie mehr
ein.« Die Strategie des Grübelaufschubs gelingt Herrn Wiebel
erst, seit er sehr genau darauf achtet, die Grübelthemen direkt
aufzuschreiben. Bevor er das getan hat, hat er sich immer ge-

sorgt, dass er etwas Wichtiges vergessen könnte, und dementsprechend ist er immer an den Grübelgedanken hängengeblieben. In der abendlichen Grübelzeit sieht er nun die Notizen vom Tag durch und denkt manches auch weiter durch, aber auf weniger »verwickelte« Art und Weise. ■

▬ ▬ Provokationen achtsam begegnen

Grübeleien nehmen häufig ihren Ausgang, wenn einem unangenehme, negative Gedanken – wie beispielsweise »Ich bin ein Versager. Ich werde nie ein glückliches Leben führen. Ich werde immer allein sein. Ich bin unattraktiv. Keiner will etwas mit mir zu tun haben. Ich bin nicht gut genug. Es ist doch alles sinnlos« – in den Kopf kommen (siehe S. 49). Die meisten Menschen haben von Zeit zu Zeit solche Gedanken und die meisten Menschen sind in diesen Zeiten auch davon überzeugt, dass diese Gedanken wahr sind. Deutliche emotionale Wucht können solche Gedanken aber nur dann entwickeln, wenn man sich von ihnen zu einer weiteren gedanklichen Auseinandersetzung provozieren lässt. Wenn man also beginnt, sich zu fragen: »Warum ist das so? Warum ich? Wenn es doch nur anders wäre!« Würde man die Gedanken nur wahrnehmen, ihnen aber keine weitere Beachtung schenken, dann würden sie einfach an einem vorbeiziehen. Denn die absolute Mehrheit aller Gedanken taucht Tag für Tag einfach auf und verschwindet wieder. Eine Strategie, um gar nicht erst in Grübeleien hineinzurutschen, kann also darin bestehen, »*nichts zu tun*«, wenn belastende Gedanken auftauchen – so wird man den auslösenden Gedanken gegenüber immun.

Sich nicht provozieren zu lassen und nichts zu tun, ist allerdings nicht ganz einfach – insbesondere da die Gedanken ja nahelegen, dass sie wichtig und bedenkenswert sind. Im Folgenden finden sich einige Gedanken und Übungen, die Ihnen dabei helfen können, sich weniger leicht provozieren zu lassen. Die meisten dieser Übungen stammen von WELLS (2011) und werden im Rahmen der metakognitiven Therapie genutzt, um einen Zustand sogenannter »losgelöster Achtsamkeit« zu ermöglichen. Gemeint ist hiermit, dass man zwar einerseits mitbekommt, was für Gedanken einem durch den Kopf gehen (Achtsamkeit), dass man diese aber andererseits nur wahrnimmt, ohne sich analytisch mit ihnen auseinanderzusetzen (losgelöst). Treffend formuliert hierzu Michael SIMONS (2014, S. 118): »Gedanken sind wie Angelhaken: Es ist sinnvoll, sie zu sehen, aber man sollte nicht anbeißen, darauf kauen oder sie gar hinunterschlucken.«

Eine Möglichkeit, sich von aufdringlichen Gedanken weniger leicht provozieren zu lassen, besteht darin, sich diese wie nervige Kinder vorzustellen (vgl. WELLS 2011):

ÜBUNG Das Fratzen schneidende Kind

Stellen Sie sich vor, Ihr dreijähriges Kind sitzt bei Ihnen im Wohnzimmer und schneidet Ihnen Fratzen. Es streckt die Zunge raus, kullert mit den Augen, bläst die Wangen auf und macht eine Schweinsnase. Sie sind nicht angetan von dem Schauspiel und wünschten, dass es das Fratzenschneiden jetzt und in Zukunft lässt. Was meinen Sie, was man in dieser Situation machen sollte?

Verstricken Sie sich nun nicht in ein gedankliches Abwägen unterschiedlicher Erziehungsmethoden. In den meisten Situationen wird es das Beste sein, zwar mitzubekommen, dass das

Kind Fratzen schneidet, dem Kind aber keine Beachtung zu schenken, solange es sich auffällig gebärdet. Sich nicht zu ärgern und sich nicht zu einer Auseinandersetzung provozieren zu lassen, wird am schnellsten dazu führen, dass das Kind sein Interesse an den Fratzen verliert. Wer nun schon einmal versucht hat, auf eine Auseinandersetzung mit einem Kind zu verzichten, weiß allerdings auch, wie schwer das ist. Gleiches gilt für einen gelassenen Umgang mit sich aufdrängenden, unangenehmen Gedanken.

Um sich weniger leicht von Gedanken provozieren zu lassen, hilft Distanz zu den eigenen Gedanken. Wie schon ab S. 49 angesprochen, ist es deshalb günstig, weniger »aus seinen eigenen Gedanken heraus-«, als vielmehr »auf die eigenen Gedanken hinabzuschauen«. Stellen Sie sich vor, Sie sind nicht mehr eins mit Ihren Gedanken, sondern Sie stehen auf einem Balkon und schauen von dort auf Ihre eigenen Gedanken hinunter. Wenn Ihnen das zu sehr »von oben herab« ist: Sie können sich auch selbst beim Denken über die Schulter schauen.

Steven HAYES (2007), der Begründer der »Akzeptanz- und Commitment-Therapie«, empfiehlt ein kleines Experiment, um diesen Perspektivwechsel zu erleichtern:

ÜBUNG Gedanken als Gedanken benennen

Wenn Sie einen Gedanken haben, dann kennzeichnen Sie ihn als Gedanken, statt ihn nur zu denken. Sagen Sie sich also beispielsweise nicht: »Das ist aber eine komische Übung«, sondern: »Ich habe gerade den Gedanken, dass diese Übung komisch ist.« Wenn Sie denken: »Diese Übung ist mir viel zu schwierig«, dann sagen Sie sich: »Ich habe gerade den Gedanken, dass diese Übung viel zu schwierig ist.« Wenn Sie daran denken, was Sie nach dem Lesen machen werden, dann sagen Sie sich zum Beispiel »Ich habe gerade den Gedanken, dass ich gleich unbedingt noch einkaufen gehen muss.« Versuchen Sie also, aus Ihren Gedanken herauszutreten und sie sich von außen anzuschauen (vgl. HAYES 2007, S. 118).

Wenn Ihnen diese Übung einigermaßen gelungen ist, dann steigern Sie den Schwierigkeitsgrad und wählen Sie solche unangenehmen Gedanken aus, die Sie immer wieder zum Grübeln verführen können, beispielsweise »Ich bin kein guter Vater«, »Ich werde immer traurig sein« usw. Formulieren Sie diese Gedanken einmal so, als wären sie die Realität (z. B. »Ich bin ein totaler Idiot!«), und dann formulieren Sie sie als Gedanken: »Ich denke gerade, dass ich ein totaler Idiot bin.« Am besten sprechen Sie beide Varianten laut aus! Die meisten Leute bemerken, dass die zweite Variante von weitaus weniger negativen Gefühlen begleitet wird als die erste Variante. Schon die sprachliche Variation schafft Distanz.

Ihre Distanzierungsfähigkeit können Sie mit einer als »*Stop and go*« bezeichneten Übung (SIMONS, 2014) weiter festigen:

ÜBUNG Stop and go

Vergegenwärtigen Sie sich hierzu einen negativen Gedanken. Betrachten Sie diesen zunächst aus einer inneren Distanz heraus. Machen Sie sich klar, dass Sie nicht Ihr Gedanke sind. Beginnen Sie dann, dem Gedanken weiter nachzugehen und zu grübeln. Nach einer Minute gehen Sie wieder auf Distanz zu dem Gedanken. Wiederholen Sie diese Abfolge mehrmals.

Wenn Sie sich nicht in eine Auseinandersetzung verwickeln wollen, hilft es also, sich zunächst klarzumachen, dass man

»nicht sein Gedanke ist«, sondern dass man »einen Gedanken hat«. Distanz aufbauen ist der erste Schritt. Auf eine inhaltliche Auseinandersetzung mit provozierenden Gedanken zu verzichten, ist der nächste. Dazu sollten Sie üben, Gedanken einfach zu beobachten, ohne sie zu beeinflussen. WELLS (2011, S. 94) empfiehlt hierzu noch eine Übung:

ÜBUNG Freie Assoziation

Gleich werden Sie eine Reihe von Wörtern lesen und Ihre Aufgabe besteht darin, Ihren Gedanken – ausgehend von den verschiedenen Wörtern – freien Lauf zu lassen. Versuchen Sie nicht, Ihre Gedanken zu kontrollieren oder zu analysieren. Das ist ganz wichtig: Das Ziel ist nur, die Beobachterperspektive einzunehmen. Es geht nicht darum, herauszufinden, warum Sie etwas denken, oder weitere Schlüsse aus dem zu ziehen, was Ihnen zu den Wörtern einfällt. Beobachten Sie einfach nur, was Ihnen durch den Kopf geht. Vielleicht haben Sie den Eindruck, dass Ihnen gar nichts durch den Kopf geht – vielleicht kommen aber auch Bilder und Empfindungen ins Bewusstsein. Es ist ganz egal, was passiert. Ihre Aufgabe besteht ausschließlich darin, zu beobachten, was passiert – ohne irgendetwas zu beeinflussen. Lassen Sie sich für jedes Wort ca. 10 Sekunden Zeit:

Kirsche

Geburtstag

Wald

Hund

Frühling

Tulpen

Vielen Leuten kommt es bei der Übung so vor, als sei ihr Kopf wie leer gefegt, sobald sie anfangen, auf die eigenen Gedanken zu achten. Das ist ein ganz normales Phänomen und wird bei häufigerem Üben immer seltener eintreten.

Im Sinne eines »Härtetests« können Sie nun hingehen und sich eine Liste mit persönlich relevanten, negativen Worten (Versager, wertlos, schlechte Mutter, unattraktiv usw.) zusammenstellen und mit dieser Liste auf die gleiche Weise verfahren: Lesen Sie die Worte durch und beobachten, was Ihnen durch den Kopf geht, ohne dass Sie in irgendeiner Form Einfluss nehmen. Behalten Sie dabei durchgehend im Hinterkopf, dass Gedanken keine Tatsachen sind! Manche unserer Patientinnen und Patienten haben sich ihre Provokationsworte als Endlosschleife aufgenommen und immer wieder angehört. Im Resultat werden die Worte mehr und mehr zu sinnentleerten Geräuschen und verlieren ihren provozierenden Charakter. Machen Sie eine solche Übung aber nur dann, wenn Sie sich wirklich dazu in der Lage fühlen.

Die Strategie »Nichts tun und Gedanken vorbeiziehen lassen« passt sicher nicht zu jeder Situation. Es geht auch nicht darum, ab jetzt jeden Gedanken an sich vorbeiziehen zu lassen und sich von allen Gedanken jederzeit zu distanzieren (»Ich denke gerade, dass ich mich verliebt habe«). Entsprechend ist es auch irrelevant, ob Gedanken »wahr« oder »falsch« sind. Es geht darum, mehr Kontrolle darüber zu gewinnen, ob und wann man sich mit Gedanken auseinandersetzt – ganz unabhängig vom vermeintlichen Wahrheitsgehalt aufdringlicher Gedanken.

In der folgenden von HAYES (2007, S. 119) beschriebenen Übung wird die Idee, Gedanken zu beobachten und an sich vorüberziehen zu lassen, nochmals gut verdeutlicht und in ein Vorstellungsbild eingebettet. Die Übung findet sich auch als Audio-datei bei den Downloadmaterialien. Sie kann Ihnen helfen, die Fertigkeit der losgelösten Achtsamkeit einzuüben.

⤓ ÜBUNG Blätter im Fluss (Hayes 2007, S. 119)

Bitte nehmen Sie eine bequeme Körperhaltung ein. Im Verlauf der Übung können Sie die Augen schließen oder sich einen Punkt im Raum suchen, auf dem Ihre Augen ruhen können. Wenn Sie merken, dass Sie ruhig und entspannt sind, dann lassen Sie in Ihrer Vorstellung einen Fluss entstehen. Dieser Fluss fließt durch eine Landschaft, die Ihnen gefällt ... Einzelne Bäume stehen am Ufer des Flusses. Finden Sie in Ihrer Vorstellung einen Platz am Ufer des Flusses, an dem Sie sich niederlassen können. Sie sehen, dass von den Bäumen, die am Ufer stehen, immer wieder Blätter in den Fluss fallen und gemächlich an Ihnen vorbeitreiben.

Wenn Sie ganz in dem Bild angekommen sind, dann werden Sie sich Ihrer gegenwärtigen Gedanken bewusst. Lassen Sie sich hierfür Zeit. Beginnen Sie dann damit, Ihre Gedanken auf den vorbeitreibenden Blättern abzulegen. Sie können die Blätter mit Ihren Gedanken beschriften oder Bilder an den Blättern befestigen ... Beobachten Sie von Ihrem Platz am Ufer aus, wie die Blätter mit Ihren Gedanken an Ihnen vorbeitreiben ... Sie müssen ihnen nicht folgen, Sie müssen sie auch nicht vertreiben. Versuchen Sie, nicht zu verändern, was auf den Blättern erscheint. Verändern Sie auch nicht die Geschwindigkeit des Flusses. Bleiben Sie einfach an Ihrem Platz am Ufer sitzen und beobachten Sie, wie Ihre Gedanken auf den Blättern vorbeiziehen. ... Wenn Sie abgelenkt werden oder wenn Sie bemerken, dass Sie doch einem der Blätter gefolgt sind, dann stellen Sie das einfach fest und kehren Sie behutsam und freundlich wieder zurück zu Ihrem Platz am Ufer, ohne sich zu ärgern. Nehmen Sie sich noch ein paar Augenblicke Zeit, um Gedanken, die Ihnen in den Sinn kommen, auf den Blättern anzubringen und den Blättern beim Vorbeifließen zuzusehen ...

Verabschieden Sie sich von Ihrer Landschaft. Lassen Sie sich noch Zeit für ein paar Atemzüge und kehren Sie dann mit Ihrer Aufmerksamkeit zurück ins Jetzt und Hier.

Die Anforderungen, die diese Übung stellt, sind nicht ganz einfach. Wahrscheinlich wird es Ihnen zwischenzeitlich schwergefallen sein, mit der Aufmerksamkeit ganz bei dem Platz am Fluss zu bleiben. Zudem ist es oft schwer, einen Weg zu finden, seine Gedanken »an die Blätter anzuheften«, ob als Schlagwort, als ganzen Satz, als Bild o.a. Die konkrete Art und Weise ist aus unserer Erfahrung ganz egal. Jeder hat eine eigene Vorstellung davon, wie die Gedanken auf den Blättern aussehen. Wenn einem viele Gedanken durch den Kopf gehen, kann es schwerfallen, sie schnell genug auf den vorbeiziehenden Blättern zu platzieren. Wenn der Kopf dagegen wie leer gefegt ist, fehlt einem das Übungsmaterial. Mit häufigerem Üben verflüchtigen sich diese Schwierigkeiten erfahrungsgemäß und man entwickelt eine eigene Art, wie man mit seinen Gedanken verfährt. Störende Gedanken machen es am Anfang im Übrigen eher leichter, da sie oft sehr präsent sind und damit gut auf den Blättern platziert werden können.

ÜBUNG Vorbeiziehen lassen vs. Gedankenunterdrückung

Im Unterschied zur Gedankenunterdrückung basieren die beschriebenen Strategien auf der uneingeschränkten Bereitschaft, unangenehme Gedanken wahrzunehmen und zuzulassen. Es geht nicht darum, Gedanken möglichst schnell loszuwerden. Den Unterschied zwischen Unterdrückung und losgelöster Achtsamkeit können Sie erleben, wenn Sie die beiden Strategien unmittelbar miteinander vergleichen (WELLS 2011, S. 95). Hier kommt wieder der weiße Bär ins Spiel: Verbieten Sie sich erneut für eine Minute, an einen weißen Bären zu denken. Sie dürfen an alles denken, nur nicht an den weißen Bären!

Machen Sie danach eine kurze Pause. Lassen Sie Ihren Gedanken nun freien Lauf. Wenn Sie einen Gedanken an einen weißen Bären haben, dann betrachten Sie diesen Gedanken einfach als Teil einer Landschaft von Gedanken.

Was ist Ihnen aufgefallen? Wie unangenehm waren Gedanken an den weißen Bären im zweiten Durchgang? Wie wichtig sind sie Ihnen erschienen?

Versprechungen des Grübelns prüfen

Im Rahmen des metakognitiven Modells depressiven Grübelns geht WELLS (2011) – wie eingangs beschrieben – davon aus, dass Menschen, die viel grübeln, neben allen Nachteilen mehr oder weniger bewusst auch positive Aspekte mit dem Grübeln verbinden. Sie versprechen sich vom Grübeln Lösungen für ihre Probleme oder neue Einsichten in die Bedeutung ihrer Erfahrungen und Erlebnisse. Andere geben an, dass ihnen das Grübeln über vergangene Fehler hilft, diese in Zukunft zu vermeiden. Manche vertreten die Ansicht, dass es besser ist, sich eine pessimistische Sicht auf die Welt zu bewahren, damit man nicht so leicht enttäuscht werden kann. Und wieder andere finden, dass das Grübeln sie zu einer weniger oberflächlichen Person macht. Letztlich tragen solche Annahmen dazu bei, dass man in Reaktion auf bestimmte Gedanken, Gefühle und Empfindungen eher anfängt zu grübeln bzw. es schwerer fällt, mit dem Grübeln aufzuhören. Alle Strategien zum Beenden, Aufschieben und Verhindern des Grübelns wird man ja auch höchstens halbherzig einsetzen, solange man sich vom Grübeln viel – oder zumindest etwas – verspricht. Darum wird es nun um die Frage gehen, ob das Grübeln hält, was es verspricht.

Am besten vergegenwärtigen Sie sich hierzu eine positive Erwartung an das Grübeln, die Sie – auf S. 63 – als persönlich relevant ausmachen konnten und in Ihrem persönlichen Grübelmodell notiert haben. Tragen Sie diese positive Metakognition oben in Arbeitsblatt 3 (S. 100 oder zum Herunterladen) ein. Überlegen Sie nun, welche Erfahrungen für diese Idee sprechen.

◻ In welchen Situationen hat Grübeln Ihnen geholfen, ein Problem zu lösen?

◻ In welchen Situationen hat Grübeln Ihnen dabei geholfen, sich selbst besser zu verstehen?

◻ In welchen Situationen hat Grübeln Ihnen geholfen, Dinge, die in der Vergangenheit schlecht gelaufen sind, hinter sich zu lassen?

◻ In welchen Situationen hat Grübeln Ihnen dabei geholfen, sich weniger traurig, wütend oder ängstlich zu fühlen?

◻ In welchen Situationen hat Grübeln Ihnen dabei geholfen, kreativ zu sein?

Überlegen Sie sehr genau und schreiben Sie jede einzelne Situation auf, in der Grübeln sich – in irgendeiner Form – positiv ausgewirkt hat. Schreiben Sie auch Situationen auf, bei denen Sie mitbekommen haben, dass andere Leute durch Grübeln vorangekommen sind. Schreiben Sie wirklich alles auf – auch dann, wenn Ihnen die Erinnerungen bzw. Erfahrungen jetzt im Moment nicht völlig schlüssig erscheinen. Gehen Sie dann die einzelnen Situationen, die Sie aufgeschrieben haben, nochmals durch. Prüfen Sie kritisch, ob Sie in diesen Situationen tatsächlich gegrübelt haben, also in selbstkritischer, abwertender und abstrakter Weise über vergangene Ereignisse nachgedacht haben, oder ob es sich eher um problemlösendes, konkretes, zukunftsorientiertes oder neugieriges Nachdenken gehandelt hat (siehe S. 13–17). Haben Sie sich in diesen Situationen eher mit »Wie-Fragen« oder mit »Warum-Fragen« beschäftigt? Situationen, in denen Sie weniger gegrübelt als produktiv nachgedacht haben, können Sie aus Ihrer »Pro-Grübeln-Liste« wieder herausstreichen.

⤓ ARBEITSBLATT 3 **Versprechungen des Grübelns**

Was das Grübeln mir verspricht:	Überzeugungsgrad* (0 = gar nicht; 100 = vollkommen)
1.	
2.	
3.	

Pro-Argumente/-Erfahrungen Welche Erfahrungen sprechen für die oben genannten Annahmen?	Kontra-Argumente/-Erfahrungen Welche Erfahrungen sprechen gegen die oben genannten Annahmen?

*während einer Grübelepisode

Wenn Sie sicher sind, dass Sie alle Erfahrungen notiert haben,
die Ihre positive Erwartung an das Grübeln unterstützen und
begründen, dann wenden Sie sich bitte solchen Erinnerungen
zu, die der positiven Erwartung widersprechen:

◻ Gab es Situationen, in denen Grübeln Ihnen *nicht* geholfen
hat, Probleme besser zu verstehen oder zu lösen?

◻ Gab es Situationen, in denen Sie den Eindruck hatten, dass
Grübeln Ihnen *nicht* zu mehr Einsicht verhilft?

◻ Gab es Situationen, Momente, in denen Sie Probleme gut lösen konnten oder Einsicht gewonnen haben, *ohne* im Vorfeld
zu grübeln?

Notieren Sie prägnante Erinnerungen und Situationen in Arbeitsblatt 3. Wenden Sie sich zudem den folgenden, zugegebe-
nermaßen etwas provokativ formulierten Fragen zu:

◻ Würden Sie Ihren Kindern, Partnern und Freunden empfehlen, mehr zu grübeln? Wenn nein: Weswegen ist es für Sie
sinnvoll, zu grübeln, nicht aber für andere?

◻ Wenn Grübeln dabei hilft, Probleme zu lösen, sollten Sie
dann vielleicht einfach noch mehr grübeln? Wenn nein, warum nicht?

◻ Hat Grübeln Ihnen bisher geholfen, Dinge, die in der Vergangenheit passiert sind, hinter sich zu lassen? Wenn nein: Was
lässt Sie annehmen, dass sich das in Zukunft ändern sollte?

Lassen Sie sich für die Beantwortung der verschiedenen Fragen
Zeit. Sprechen mehr Erfahrungen für oder gegen das Grübeln?
Bedeuten einzelne positive Erfahrungen mit dem Grübeln, dass
Grübeln eine grundsätzlich hilfreiche Strategie ist? Zu welchem
Schluss kommen Sie?

Natürlich ist unsere Intention durchschaubar: Es soll deutlich werden, dass Grübeln seine Versprechungen nicht einhält,

dass häufiger negative als positive Konsequenzen auf das Grübeln folgen. Gleichzeitig hilft es Ihnen aber nicht, diesen Argumenten oberflächlich zuzustimmen. Nur dann, wenn Sie wirklich davon überzeugt sind, dass Grübeln Ihnen nichts bringt und mehr schadet als nützt, werden Sie den fadenscheinigen Versprechungen widerstehen. Falls die rein gedankliche Auseinandersetzung Sie nicht weiterbringt, kann es hilfreich sein, ein kleines Experiment zu machen (vgl. WELLS 2011, S. 238):

ÜBUNG Grübel-Modulations-Experiment

Experimentieren Sie mit der Häufigkeit des Grübelns, indem Sie an einem Tag mehr grübeln als gewöhnlich und am nächsten Tag Grübeln so weit wie möglich reduzieren (beispielsweise, indem Sie Grübelthemen vorbeiziehen lassen, sich ablenken, den Grübelaufschub nutzen usw.).

Notieren Sie an beiden Tagen zu mindestens drei Zeitpunkten (morgens, mittags, abends)

- wie Sie sich *fühlen* (-2 = sehr negativ, -1 = negativ, 0 = weder noch, 1 = gut, 2 = sehr gut),
- wie *aktiv* Sie sind (-2 = sehr inaktiv, -1 = inaktiv, 0 = weder noch, 1 = aktiv, 2 = sehr aktiv) und
- wie *effektiv* Sie sich erleben (-2 = sehr ineffektiv, -1 = ineffektiv, 0 = weder noch, 1 = effektiv, 2 = sehr effektiv).

Legen Sie Ihre Bewertungen nach den beiden Tagen nebeneinander und vergleichen Sie sie. Führen Sie die Erhebung ein weiteres Mal durch, falls Sie noch keine aussagekräftigen Informationen gewonnen haben.

Für manche Leute ist es schließlich hilfreich, sich noch mal darüber klar zu werden, dass sie verschiedene Konsequenzen des Grübelns erwarten, die sich eigentlich widersprechen:

◻ Wie kann Grübeln einerseits helfen, Probleme zu lösen, und andererseits immer unsicherer machen?

◻ Wie kann Grübeln einerseits zu mehr Einsicht verhelfen und andererseits eine negativ-verzerrte Sicht der Dinge bedingen?

◻ Wie kann Grübeln einerseits dabei helfen, wichtige Personen nicht zu vergessen, und andererseits dazu beitragen, dass andere sich genervt von einem zurückziehen?

◻ Wie kann Grübeln einerseits der Überwindung depressiver Gefühle dienen und andererseits immer hoffnungsloser machen?

Aber noch mal: Es geht nicht darum, Sie zu überreden. Wenn Sie davon überzeugt sind, dass Grübeln in manchen Situationen hilfreich für Sie ist, dann ist das so. Grundsätzlich geht es ja nur darum, dass Sie entscheiden können, in welchen Situationen Sie grübeln bzw. nicht grübeln wollen. Es geht nicht darum, dass man nie und nimmer grübeln darf!

BEISPIEL Theresa Moog, eine 25-jährige Soziologiestudentin, erzählt, dass in ihrem Elternhaus Wert darauf gelegt wurde, die eigenen Gefühle und Bedürfnisse genau zu kennen. Selbsterkenntnis galt als hohes Gut. Ihre Eltern sind beide nachdenkliche Naturen, die Fassadenhaftigkeit, Unehrlichkeit und »oberflächliches Gehabe« stets ablehnten. Melancholie ist von ihrem Vater immer wieder als Triebfeder künstlerischen Tuns identifiziert worden. Viele dieser Ansichten hat sie sich zu eigen gemacht. Während ihre Eltern jedoch nie mit Depressionen kämpfen mussten, ist sie im vergangenen Jahr nach einer Beziehungskrise in ein depressives Loch gefallen. Seitdem fällt es ihr schwer, Grübelphasen zu kontrollieren. Positive Metakognitionen kann Frau Moog leicht identifizieren: *Grübeln erzeugt Selbsterkenntnis. Grübeln schützt vor einer unrealistisch positiven Sicht auf die eigene Person. Grübeln fördert Demut.* Die Infragestellung dieser Annahmen fällt ihr hingegen schwer. Am ehesten gelingt ihr dies noch in Bezug auf die Idee, dass Grübeln zur Selbsterkenntnis verhilft. So hatte sie zwar in einzelnen Situationen den Eindruck, eigene Schwächen durch Grübeln sehr gut freigelegt zu haben, auf der anderen Seite drehen sich ihre Grübeleien jedoch inzwischen nur noch um die gleichen Anschuldigungen, Unzufriedenheiten und Unzulänglichkeiten, sodass schon lange keine wirklich neuen Erkenntnisse aus dem Grübeln hervorgegangen sind. Außerdem misstraut sie zunehmend dem Gewicht dieser »Erkenntnisse«. Schon öfter hat sie im Nachhinein gedacht, dass sie während des Grübelns zu hart mit sich ins Gericht geht. So defizitär ist sie doch eigentlich gar nicht. Vielleicht trägt das Grübeln manchmal eher zu einer unrealistisch negativen Sicht auf sie selbst bei. Außerdem führt das Grübeln oft eher zu Resignation als zu Demut. Irgendwie hat sie den Eindruck, dass das Grübeln zu weit führt. Auf der anderen Seite fürchtet sie sich sehr davor, oberflächlich zu sein oder werden zu können.

Vor diesem Hintergrund wird mit Frau Moog innerhalb ihrer Psychotherapie das Grübel-Modulations-Experiment vereinbart. Dabei wird sie gebeten, zusätzlich zu den anderen Bewertungsdimensionen einzuschätzen, wie sehr sie sich als oberflächlich erlebt. Bei der Auswertung in der nächsten Sitzung wird deutlich, dass sich die Tage hinsichtlich der erlebten Stimmung, Aktivität und Effektivität nur geringfügig voneinander unterscheiden. Wichtig ist für Frau Moog allerdings zu sehen,

dass sie sich an keinem der beiden Tage oberflächlich(er) gefühlt
hat. Ihr wird klar, dass sie nicht Gefahr läuft, gleich zu einer oberflächlichen und uninteressanten Person zu werden, nur weil sie nicht mehr so viel grübelt. ■

Noch mal das Wesentliche

In den letzten Kapiteln haben Sie verschiedene Techniken kennengelernt, die Ihnen dabei helfen können, aus dem Grübeln auszusteigen bzw. sich gar nicht erst in Grübeleien zu verwickeln. Sie haben mithilfe der Grübelprotokolle begonnen, sich ein genaueres Bild über Auslöser, Inhalte und Konsequenzen des Grübelns sowie über positive Erwartungen an das Grübeln und Befürchtungen bezüglich des Grübelns zu verschaffen. Sie haben begonnen, Ihre Aufmerksamkeitsausrichtung zu trainieren, und Sie haben Strategien zusammengetragen, die Ihnen kurzfristig dabei helfen können, aus dem Grübelprozess auszusteigen: Ablenkung, Aktivität, Aufmerksamkeit auf den gegenwärtigen Moment richten, Grübelaufschub und Grübelzeiten. Ausgehend von der Idee, dass Gedanken nur Gedanken und keine Tatsachen sind, haben Sie ausprobiert, belastende Gedanken vorbeiziehen zu lassen, statt sich von negativen Ideen zum Grübeln provozieren zu lassen. Im letzten Kapitel haben Sie sich schließlich mit der Frage beschäftigt, ob Grübeln tatsächlich hält, was es verspricht.

Nun stellt sich die Frage, wie man mit Problemen, belastenden Gedanken und Erinnerungen umgehen soll, wenn man nicht mehr grübelt – in den folgenden beiden Kapiteln stellen wir Ihnen deshalb Alternativen zum Grübeln vor.

Aktuelle Probleme sind ein wichtiger Auslöser für Grübeleien. Das gilt vor allem dann, wenn man sich vom Grübeln verspricht, dass man das Problem besser durchschaut und zu einer Lösung kommt. Wie ab S. 31 schon beschrieben, hilft Grübeln jedoch nicht dabei, Probleme zu lösen. Im Gegenteil: Grübeln erschwert das Finden von Lösungen und geht mit mehr Schwierigkeiten einher, sich für einen Lösungsweg zu entscheiden und den gefundenen Problemlösungen zu vertrauen. Selbst wenn man nicht der Meinung ist, dass das Grübeln hilfreich für das Lösen von Problemen ist, wird auch die konstruktive Auseinandersetzung mit Schwierigkeiten oft durch auftretende Grübelgedanken torpediert. In beiden Fällen kann es hilfreich sein, sich auf strukturierte und konkrete Weise mit Problemen auseinanderzusetzen.

Trainings in strukturiertem Problemlösen haben in der kognitiven Verhaltenstherapie eine lange Tradition. Eingesetzt werden sie bei den unterschiedlichsten Problemen – vor allem in der Behandlung von Depressionen und Paarproblemen haben sie einen festen Platz. Gemeinsam ist diesen Ansätzen, dass der Problemlöseprozess in mehrere Phasen unterteilt wird, die nach und nach durchlaufen werden müssen. Differenziert wird zwischen einer Phase, in der das Problem und das Ziel definiert werden, einer Phase, in der Lösungsmöglichkeiten gesammelt, bewertet und ausgewählt werden, einer Phase der Umsetzung der Lösungsideen und einer rückblickenden Bewertung. Wenn es gelingt, Probleme zu lösen, dann werden diese Schritte nahezu automatisch durchlaufen (siehe Abbildung).

Der Problemlöseprozess

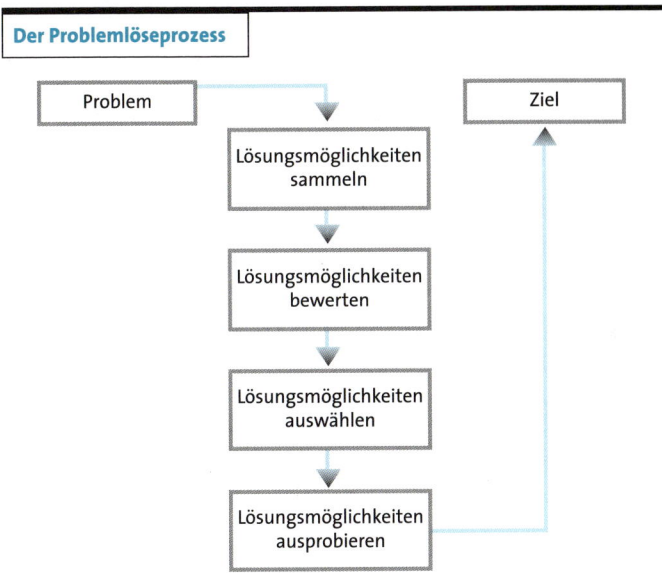

Schwierigkeiten mit der Lösung von Problemen ergeben sich oft dadurch, dass man in einer Stufe des Problemlöseprozesses hängen bleibt: Man kann nicht genau sagen, was eigentlich das Problem ist, es ist unklar, was man stattdessen will, es fallen einem keine Lösungsalternativen ein, oder man kann sich nicht für einen Lösungsweg entscheiden bzw. setzt Lösungswege nicht in die Tat um. In solchen Fällen hilft es, den Lösungsprozess ganz bewusst in die genannten Teilschritte zu untergliedern und sich Stück für Stück einer Lösung anzunähern. Insbesondere die Arbeiten von Edward WATKINS (siehe S. 32) verweisen hierbei auf die Bedeutung einer konkreten und handlungsorientierten Auseinandersetzung mit Problemen: Fragen Sie nach dem »Wie« und nicht nach dem »Warum«! Nun soll es also um die einzelnen Schritte gehen. Das Arbeitsblatt 4 auf S. 112 und 113 kann Ihnen bei deren Umsetzung helfen.

Problem beschreiben: Wenn Sie bemerken, dass Sie unzufrieden oder ängstlich sind, dass Sie sich ratlos fühlen oder immer wieder über etwas grübeln, sollten Sie zunächst versuchen, genau zu verstehen, was das Problem ist: Was stört Sie? Was lässt Sie besorgt, niedergeschlagen sein? Sind es mehrere Dinge, die zusammengekommen sind, oder handelt es sich um eine umgrenzte Schwierigkeit? Wenn mehrere Probleme zeitgleich vorliegen, dann wählen Sie zunächst eines aus – entweder das drängendste oder das, welches vermutlich am leichtesten zu lösen ist. Versuchen Sie, das Problem in einem Satz präzise zu beschreiben: *»Ich bin unzufrieden damit, dass …«*

Ziel festlegen: Sobald Sie das Problem definiert haben, gilt es herauszufinden, was Sie eigentlich wollen: Was sollte stattdessen sein? Was kann realistischerweise stattdessen sein? Wie würden Sie sich verhalten, wenn Sie am Ziel angelangt wären? Liegt es in Ihrer persönlichen Macht, dieses Ziel zu erreichen, oder können Sie zumindest die Wahrscheinlichkeit erhöhen, dass bestimmte Ziele erreichbarer werden? Verfolgen Sie keine Ziele, deren Erreichbarkeit vom Verhalten anderer Leute oder veränderter Umstände abhängen. Gleichermaßen bringt es in der Regel nichts, sich einfach nur die Negation des Status quo zu wünschen – statt »Ich möchte mich weniger antriebsarm fühlen« ist es leichter, das Ziel »Ich möchte mich wieder aktiver verhalten« anzustreben. Fassen Sie das Ziel wiederum in einem Satz zusammen: *»Ich bin unzufrieden damit, dass … und ich wünsche mir, dass …«*

Lösungsmöglichkeiten entwickeln: Erst, wenn Sie verstanden haben, was das Problem ist und was Sie eigentlich stattdessen wollen, können Sie anfangen, über potenzielle Lösungswege nachzudenken. Schreiben Sie dazu alle Ideen auf – auch und insbesondere die abstrusen. An dieser Stelle sollten Sie keine der Lösungsmöglichkeiten bewerten und sich in keiner Form zensieren! Vielmehr geht es darum, einen Ideenpool zu kreieren.

Lösungsmöglichkeiten bewerten: Wenn Sie verschiedene Ideen notiert haben, beginnen Sie, über potenzielle Konsequenzen dieser Lösungsmöglichkeiten nachzudenken: Was für Konsequenzen könnte es haben, wenn Sie sich so verhalten würden? Könnte das hilfreich sein? Würde Sie das im Hinblick auf Ihr Ziel weiterbringen? Könnte diese Alternative auch Nachteile mit sich bringen? Dies ist eine der Phasen, in denen hilfreiches Nachdenken am leichtesten von Grübelgedanken gekidnappt werden kann. Vor diesem Hintergrund ist es oftmals hilfreich, die einzelnen Ideen schriftlich und nicht einfach nur gedanklich zu bewerten. Bei der Bewertung sollten Sie zwischen kurz- und langfristigen sowie zwischen positiven und negativen Konsequenzen differenzieren. Scheuen Sie sich aber auch nicht davor, eine Pause einzulegen und sich kurz abzulenken, wenn Sie merken, dass Sie in Grübeleien abrutschen. Zu einem späteren Zeitpunkt können Sie sich erneut mit dem Problem auseinandersetzen. Da Sie alles aufgeschrieben haben, werden Sie nichts vergessen.

Im nächsten Schritt geht es dann darum, eine **Lösungsmöglichkeit auszuwählen** bzw. eine Kombination aus verschiedenen Lösungsmöglichkeiten. Natürlich sind viele potenzielle Folgen nicht absehbar – sie werden es in der Regel aber auch nicht durch längeres Nachdenken.

Optimale Entscheidungen

Gerd Gigerenzer, der Direktor des Max-Planck-Instituts für Bildungs-
forschung in Berlin, macht die Unmöglichkeit, optimale Entscheidungen zu treffen, am Beispiel des Schachspielens prägnant deutlich:
Beim Schach gibt es pro Zug etwa dreißig unterschiedliche Möglichkeiten,»womit sich bei zwanzig Zügen 3020 Zugfolgen ergeben; es
kommen also 350 000 000 000 000 000 000 000 000 000 mögliche
Zugfolgen in Betracht« (GIGERENZER 2008, S.100). Weder ein Schach-
meister noch ein Schachcomputer sind in der Lage, die optimale
Lösung für ein Schachspiel vorauszusehen – und das, obwohl das Spiel
einer wohldefinierten Struktur folgt. Umso unrealistischer ist es, optimale Lösungen für Probleme im Zwischenmenschlichen zu erwarten –
also für Schwierigkeiten, die keine wohldefinierte Struktur aufweisen!
Probleme, mit denen wir in unserem Alltagsleben konfrontiert sind,
verändern sich in der Regel im Prozess der Bearbeitung – Gesprächs-
partner reagieren (besser oder schlechter als erwartet), Zukunftsträu-
me wandeln sich, Bewertungen und die Kriterien für Erfolg und Miss-
erfolg verändern sich. Eine optimale Lösung kann nicht vorhergesehen
werden. Aber: Bedauert werden eher die Dinge, die man nicht gemacht hat, als die Dinge, die man gemacht hat (siehe hierzu ROESE
2007). Im Hinblick auf das psychische Wohlbefinden lohnt es sich also,
aktiv zu werden – auch wenn man sich wegen der Qualität des Lö-
sungsweges nicht ganz sicher ist. Es scheint so zu sein, dass wir für
eine ausgeführte Handlung viel eher eine rationale Erklärung parat
haben – die uns hilft, mit der Entscheidung zu leben – als für eine
Nichthandlung. Etwas lapidar lässt sich als Fazit ziehen, dass es oftmals besser ist, eine achtzigprozentige Lösung umzusetzen als eine
hundertprozentige nicht zu finden.

Lösungsmöglichkeit umsetzen: Wenn Sie zu einer Entscheidung ge-kommen sind, dann zerlegen Sie die ausgewählte Lösungsmög-lichkeit am besten in kleine Schritte, die Sie nacheinander ange-hen können. Stellen Sie sich die einzelnen Schritte ganz konkret vor. Lassen Sie sie wie einen Film vor Ihrem inneren Auge ab-laufen: Wann werden Sie was machen? Wie werden Sie vorge-hen? Was sagen Sie? Wie verhalten Sie sich? Wie gehen Sie kon-struktiv mit auftretenden Hindernissen um? Lassen Sie den Film mehrmals vor Ihrem inneren Auge ablaufen und proben Sie – in Ihrer Vorstellung – den Umgang mit auftretenden Schwierigkei-ten. Falls Sie sich immer noch nicht vorstellen können, den ge-wählten Lösungsweg auszuprobieren, dann machen Sie sich nochmals klar, warum es gut wäre – trotz möglicherweise beste-hender Unsicherheiten –, das Problem anzugehen. Wofür wäre es wichtig, wofür könnte es gut sein?

Loben Sie sich für jeden Lösungsversuch, den Sie unternom-men haben! Im Nachgang des Problemlöseversuchs sollten Sie nochmal überlegen, was Sie auf welche Weise gut gemacht ha-ben und was Sie gegebenenfalls beim nächsten Mal noch anders machen würden. Arbeitsblatt 4 gibt eine Übersicht über die zu beachtenden Schritte.

1. Problem beschreiben
Ich bin unzufrieden damit, dass ...

----

2. Ziel festlegen
Wie müsste sich die Situation verändern, damit Sie sagen würden, dass es nun okay oder sogar gut ist? Was wird dann anders / stattdessen sein? Was machen Sie dann anders? *Ich würde mir wünschen, dass ...*

----

3. Lösungsmöglichkeiten entwickeln
Was könnten Sie wie machen? Versuchen Sie, die verschiedenen Lösungsideen nicht direkt zu bewerten bzw. abzuwerten. Schreiben Sie alles auf, was Ihnen einfällt.

Idee I: --

Idee II: ---

Idee III: --

Idee IV: ---

Idee V: --

4. Lösungsmöglichkeiten bewerten
Prüfen Sie jetzt jede Lösungsmöglichkeit auf ihre Vor- und Nachteile, denken Sie dabei an kurz- und langfristige Konsequenzen.

	(Wahrscheinliche) Konsequenz		Bewertung
	kurzfristig	langfristig	(−5 bis +5)
Idee I:			
Idee II:			
Idee III:			
Idee IV:			
Idee V:			

5. Lösungsmöglichkeit auswählen

Wählen Sie jetzt die wahrscheinlich günstigste Lösungsmöglichkeit oder eine Kombination aus verschiedenen Lösungsmöglichkeiten aus!

6. Umsetzung planen

Zerlegen Sie die ausgewählte Lösungsmöglichkeit in kleine Schritte, die Sie nacheinander angehen können. Stellen Sie sich die einzelnen Schritte ganz konkret vor. Lassen Sie sie wie einen Film vor Ihrem inneren Auge ablaufen. Schreiben Sie nun die einzelnen Schritte auf.

7. Rückblick

Was haben Sie gemacht und wie gut hat es funktioniert? Auch gut geplante Schritte machen eine Problemlösung nur wahrscheinlicher – können sie aber nicht garantieren! Gibt es Dinge, die Sie sich für einen nächsten Versuch vornehmen möchten?

BEISPIEL Patrick Goretzka, ein 35-jähriger Jurist, hat seit seinem 16. Lebensjahr mehrere depressive Phasen durchlitten. Begonnen haben seine Schwierigkeiten, nachdem er mit seinen Eltern von Polen nach Deutschland übergesiedelt ist. Er ist nie richtig angekommen, in der Schule gehänselt worden und hat sich immerzu als Außenseiter gefühlt. Derzeit fühlt er sich nicht depressiv. Er macht sich aber oft Sorgen, dass »alles wieder von vorne losgeht«. Er überwacht deswegen permanent seine körperliche und psychische Befindlichkeit. Zudem gibt er stark darauf acht, sich nicht zu viel zuzumuten. Er führt ein Leben »mit angezogener Handbremse«. Hiervon ist seine Partnerin zunehmend genervt. Das erlebt Herr Goretzka als extrem bedrohlich. Seine Beziehung ist ihm wichtig und er leidet darunter, von seiner Partnerin als defizitär wahrgenommen zu werden (*Problembeschreibung*). Er wünscht sich, dass seine Partnerin ihn besser versteht und er ihr gleichzeitig durch mehr Aktivität und »Draufgängertum« etwas entgegenkommen kann (*Zielfestlegung*). Letzteres macht ihm aber auch Angst. Als Lösungsideen fallen ihm ein: »(1) meiner Freundin meine Ängste genau erklären (und ihr von meinen depressiven Episoden in der Vergangenheit erzählen), (2) alles beim Alten lassen (es wird schon nichts passieren), (3) nicht immer um 23 Uhr schlafen gehen, sondern am Wochenende auch mal länger aufbleiben und ausgehen, (4) vorschlagen, gemeinsam ins Fitnessstudio zu gehen, (5) leichte Gefühle von Niedergeschlagenheit nicht immer als beginnende Depression sehen, sondern als bei allen Menschen vorkommende, normale Stimmungsschwankungen, (6) meine Freundin fragen, was genau sie sich von mir wünschen würde, (7) gar nicht mehr auf meinen körperlichen Zustand achten, sondern einfach alles machen, was ich mir wegen meiner De-

pression verbiete« (*Lösungsmöglichkeiten entwickeln*). Bei der
anschließenden Bewertung der Lösungsideen sortiert Herr Goretzka die Ideen zwei und sieben unmittelbar aus. Auch Idee drei
erscheint ihm – für den Anfang – zu schwierig, aber nicht grundsätzlich falsch. Die Ideen, sich seiner Freundin zu erklären und
sie zu fragen, was sie sich von ihm wünschen würde, erscheinen
ihm hingegen richtig und gangbar. Er hat allerdings Angst davor, als »Waschlappen« zu erscheinen. Außerdem weiß er nicht,
wie sie es finden wird, wenn sie erfährt, dass er in der Vergangenheit nicht nur Phasen der Traurigkeit (wie er es bisher ge-
nannt hat) erlebt hat, sondern klinische Depressionen. Im Hinblick auf das langfristige Ziel einer stabilen Partnerschaft hält er
es aber für richtig, seine Freundin nicht länger über seine Vergangenheit im Unklaren zu lassen. Alle anderen Schritte macht
er dann davon abhängig, was seine Freundin sich wünschen
würde (*Lösungsmöglichkeiten bewerten und auswählen*). Sehr
genau überlegt er sich, wann er mit seiner Freundin sprechen
und wie er ihr seine Ängste erklären will. Verschiedene Varianten geht er hierzu im Kopf durch (*Umsetzung der Lösungsmöglichkeit*). Schließlich erzählt er dann aber alles – anders als ge-
plant – während eines gemeinsamen Spaziergangs. Auch wenn
er sich während des Gesprächs zum Teil »etwas weinerlich«
vorkam, ist er froh, alles erzählt zu haben. Seine Freundin hat
sehr verständnisvoll reagiert. Wichtig ist ihr vor allem, dass er
nicht länger so zwanghaft auf einer pünktlichen Zubettgehzeit
besteht. Dies will er nun versuchen. ■

Nun sind nicht nur aktuelle und angehbare Probleme Anlass
und Auslöser für Grübeleien, sondern vielfach Dinge, die in der
Vergangenheit geschehen sind, die sich nicht mehr verändern
lassen. Um negative Erfahrungen verarbeiten zu können, muss
man sich mit ihnen (gedanklich) auseinandersetzen – ein auf
fortwährender Vermeidung fußender Umgang wird langfristig
die Lebensqualität stark einschränken und nicht selten zur Aufrechterhaltung negativer Stimmung beitragen.

Wenn Kränkungen, Trennungen, Verluste, Enttäuschungen,
Fehler oder Fehlentscheidungen immer wieder zu Grübeleien
führen, sind sie wahrscheinlich noch nicht ausreichend verarbeitet. Dann ist es noch nicht gelungen, ihre Bedeutung für die eigene Person und das (zukünftige) Leben zu erfassen, sie nicht mehr
als Bedrohung zu begreifen und sie in der Vergangenheit zu ver-
orten, sie hinter sich zu lassen. Es braucht möglicherweise eine
gezielte neuerliche Auseinandersetzung mit diesen Erlebnissen.

Natürlich ist nicht immer der richtige Zeitpunkt, sich mit
schwierigen Lebenserfahrungen auseinanderzusetzen, und natürlich sollte man sich auch Gedanken über die Dosierung der
Auseinandersetzung machen. Wenn man diese Einschränkun-
gen beherzigt, spricht aber nichts dagegen, sich bewusst Zeit zu
nehmen, um sich mit den Erfahrungen zu beschäftigen. Das kri-
tische, selbstabwertende, abstrakt-situationsübergreifende
Grübelformat ist jedoch wenig geeignet, negative Erlebnisse
hinter sich zu lassen. Eher belebt es diese immer wieder neu. Viele unserer Patientinnen und Patienten beschreiben, dass sie beim
Grübeln »nur im Kopf« sind und nicht wirklich bei den zu ver-
arbeitenden Gefühlen. Günstig ist hingegen wiederum eine un-

voreingenommene, wenig wertende und konkret-situationsbezogene Auseinandersetzung mit den Dingen, die einem widerfahren sind. Wie kann dies nun konkret aussehen? Zentral ist, die Erlebnisse in irgendeiner Form zum Ausdruck zu bringen: Neben der Selbstöffnung im Gespräch scheint dabei das Schreiben über belastende Ereignisse eine hilfreiche Methode zu sein. Da Sie für Letzteres keinen verständnisvollen und wertschätzenden Zuhörer benötigen, möchten wir Ihnen eine besonders hilfreiche Methode des Schreibens über belastende Ereignisse im Folgenden vorstellen.

▪▪▪ Aufschreiben, was einen bewegt

Die Methode des sogenannten »expressiven Schreibens« wurde von dem amerikanischen Psychologen James Pennebaker in den 1980er-Jahren erstmals getestet und seitdem in unzähligen Studien untersucht. In der ersten Untersuchung zum Thema baten PENNEBAKER und Sandra BEALL (1986) 47 Studierende, an einem Schreibexperiment teilzunehmen. Die Probanden der Kontrollgruppe wurden hierbei gebeten, über oberflächliche, emotional wenig aufwühlende Themen zu schreiben, die Probanden der Gruppe »expressives Schreiben« erhielten hingegen die folgende Instruktion (PENNEBAKER 2010, S. 19): »Sie haben sich für ein Experiment angemeldet, in dem Sie an vier aufeinanderfolgenden Tagen jeweils 15 Minuten schreiben werden. Alles, was Sie schreiben, wird anonym und vertraulich behandelt. [...] Beim Schreiben möchte ich Sie bitten, wirklich loszulassen und Ihren tiefsten Gefühlen und Gedanken zu einem traumatischen Ereignis nachzugehen. Sie können dieses Erlebnis mit anderen Bereichen Ihres Lebens verknüpfen: mit Ihrer Kindheit, Ihrer

Beziehung zu Ihren Eltern, engen Freundinnen und Freunden, Partnerinnen oder Partnern oder irgendwelchen anderen Menschen, die Ihnen wichtig sind. [...] Wichtig ist, dass Sie wirklich loslassen und über Ihre tiefsten Gefühle und Gedanken berichten. Wenn Sie möchten, können Sie an allen vier Tagen über das Gleiche schreiben. Sie können sich aber auch jeden Tag für etwas anderes entscheiden – das können Sie selber entscheiden. Natürlich gibt es viele Menschen, die in ihrem Leben noch keine traumatischen Erlebnisse zu verkraften hatten. Wir alle mussten aber sicherlich schon mit größeren Konflikten oder emotional belastenden Situationen fertig werden. Auch darüber können Sie schreiben.«

Es zeigte sich, dass die Teilnehmenden in dieser Untersuchung – wie auch in Folgeuntersuchungen – tatsächlich über belastende und traumatische Erlebnisse wie Trennungen, Scheidungen, Vergewaltigungen, körperliche Misshandlungen und Selbstmordversuche schrieben.

Es zeigte sich zudem, dass die Probanden unmittelbar nach dem Schreiben emotional stark aufgewühlt waren, das Schreiben aber gleichzeitig als eine wichtige Erfahrung erlebten. So gaben rund 98 Prozent der teilnehmenden Personen an, dass sie jederzeit wieder bei einer derartigen Studie mitmachen würden. Schließlich zeigte sich, dass die Personen, die über ein belastendes Ereignis geschrieben hatten, in den Monaten nach der Schreibaufgabe nur halb so oft aus gesundheitlichen Gründen eine Arztpraxis aufsuchten wie die Probanden der Kontrollgruppe. Die Selbsterkundung und -öffnung beim Schreiben wirkte sich also unmittelbar positiv auf den Gesundheitsstatus der Teilnehmerinnen und Teilnehmer aus. Wie erklärt sich dieser Befund?

Folgeuntersuchungen gingen dieser Frage nach und be-
trachteten den Einfluss des Schreibens auf das Immunsystem.
Relativ konsistent ließ sich zeigen, dass das Schreiben über traumatische Lebensereignisse mit einer Stärkung der körpereigenen Immunabwehr einhergeht (z. B. PENNEBAKER u. a. 1988).
Diese Forschungsergebnisse kann man durchaus als spektakulär
einschätzen und es gibt noch weitere: Schreiben über belastende
Erlebnisse geht mit verbesserten Schul-, Studien- und Arbeits-
leistungen einher (FRATAROLLI 2006), und letztlich wirkt sich
das expressive Schreiben auch auf das psychische Wohlbefinden
positiv aus. So zeigte sich recht konsistent, dass sich die Teilnehmenden an Untersuchungen zum expressiven Schreiben unmittelbar nach dem Schreiben zwar oftmals traurig und bedrückt
fühlen. Langfristig aber berichten sie von weniger Stresssympto-
men und Depressivität sowie einer Zunahme von Wohlbefinden
und Lebenszufriedenheit. In einzelnen Untersuchungen konnte
zudem ein grübelreduzierender Effekt des expressiven Schreibens nachgewiesen werden (eine Übersicht über die diversen
Studienergebnisse findet sich bei FRATTAROLI 2006). All dies
sind somit Hinweise darauf, dass expressives Schreiben tatsächlich eine hilfreiche Methode zur Verarbeitung emotional belas-
tender Ereignisse darstellt.

Warum sich das Schreiben so positiv auswirkt, ist noch ziemlich unklar – obwohl es verschiedene Theorien und Studien zu
der Frage gibt. Offenbar führt das wiederholte Schreiben über
ein belastendes Ereignis dazu, dass sich das Erlebte mehr und
mehr ordnet und auf diese Weise verstehbarer wird. Einiges
spricht dafür, dass das expressive Schreiben sowohl vermeiden-
de Umgangsweisen mit belastenden Ereignissen, wie z. B. Gedankenunterdrückung (siehe S. 83 – 87, beendet als auch eine

vertiefte gedanklich-emotionale Verarbeitung anregt. In der Folge kommt es zu einer zunehmenden Gewöhnung an die belastenden Themen. Stellen Sie sich vor, Sie sehen viele Male einen traurigen Film. Während Sie zu Beginn noch sehr ergriffen sein werden, möglicherweise weinen und sich im Anschluss an den Film noch länger traurig fühlen, werden Sie nach etlichen Wiederholungen wahrscheinlich immer noch sagen, dass es ein trauriger Film ist. Sie werden sich aber nicht mehr so traurig fühlen. Wie lange es dauert, bis ein Ereignis einen nicht mehr so stark packt, ist dabei sicherlich von Person zu Person unterschiedlich.

Anders als das Grübeln über negative Inhalte legt das expressive Schreiben eine konkrete, emotionsbezogene, beschreibende und geordnete Form der Auseinandersetzung nahe und verhindert so, dass die gleichen Inhalte nur wieder und wieder ohne Ergebnis gewälzt werden. Grundsätzlich sei jedoch hervorgehoben, dass die Effekte des expressiven Schreibens insgesamt nur von mäßiger Größe sind. Erwarten Sie also nicht, dass Sie durch das Schreiben all Ihre Schwierigkeiten auf schnelle Weise lösen können. Zudem profitiert natürlich auch nicht jeder von dieser Methode. Allerdings zeigte sich, dass der Erfolg der Methode unabhängig ist vom Geschlecht, Alter, Bildungsstand und von der Ethnizität der Schreibenden. Dabei profitieren Personen, die eher verschlossen sind und sich wenig mit anderen über ihr Erleben und ihre Gefühle austauschen, in stärkerem Maße vom expressiven Schreiben als Personen, die ohnehin offen mit anderen Menschen sprechen. Testen Sie die Methode einfach – möglicherweise wird Sie Ihnen viel bringen! Wenn Sie die Methode ausprobieren möchten, dann sollten Sie verschiedene Punkte beachten, die sich als zentral für die Wirksamkeit erwiesen haben (vgl. PENNEBAKER 2001, 2010):

◻ Schreiben Sie *über ein Ereignis, das Sie tatsächlich beschäftigt.* Es kann sich dabei um ein aktuelles Thema handeln, ein Ereignis aus der Vergangenheit oder ein Ereignis, das Sie in der Zukunft auf sich zukommen sehen. Es kann sich um ein einzelnes Ereignis oder ein dauerhaftes Problem handeln. Vielfach kommt es während des Schreibens dazu, dass man mehr und mehr auch über andere Themen zu schreiben beginnt. Solange diese Themen von emotionaler Bedeutung sind, d. h. solange diese Themen Sie berühren, sollten Sie weiterschreiben. Wenn Sie hingegen anfangen, über die Einkaufsliste für den Nachmittag oder andere ablenkende Dinge zu schreiben, sollten Sie innehalten und zum eigentlichen Thema zurückkommen. Das expressive Schreiben unterscheidet sich vom üblichen Tagebuchschreiben sicherlich dadurch, dass weniger Handlungen und Geschehnisse als vielmehr Erlebensweisen und Gefühle beschrieben werden.

◻ Schreiben Sie *ohne Unterbrechung für mindestens 20 Minuten* an mindestens vier aufeinanderfolgenden Tagen. Wenn Sie gerne länger oder häufiger schreiben möchten, dann können Sie dies ruhig tun.

◻ *Schreiben Sie nur für sich selbst* und für niemand anderen – ansonsten besteht die Gefahr, dass Sie beim Schreiben weniger frei sind, sich selbst zensieren bzw. ein bestimmtes Bild von sich kreieren möchten. Sie schreiben keinen Brief, kein Buch und keinen Blog. Kümmern Sie sich nicht um Ausdruck, Rechtschreibung und Grammatik. Das expressive Schreiben ist nur dann hilfreich, wenn Sie wirklich ehrlich mit sich sind. Intellektualisierungen und Beschönigungen werden Ihnen nicht weiterhelfen. Verstecken Sie Ihre Aufzeichnungen, falls Sie Sorge haben, dass jemand anderes sie lesen könnte.

◻ Manchen Menschen hilft es, *jeden Tag zur gleichen Zeit und am gleichen Ort* zu schreiben, also ein persönliches Schreibritual zu etablieren. Viele Leute fühlen sich nach dem Schreiben vorübergehend traurig und niedergeschlagen. Das ist normal und zeigt, dass Sie sich wirklich mit für Sie wichtigen Themen intensiv auseinandergesetzt haben. Diese Gefühle halten in der Regel nicht lange an. Gleichwohl sollten Sie sicherstellen, dass Sie nach dem Schreiben noch etwas Zeit für sich haben und nicht unmittelbar einen Termin wahrnehmen müssen.

◻ Wenn Sie den Eindruck haben, dass ein bestimmtes Thema Sie aktuell überfordert, dann schreiben Sie nicht darüber (Dies ist die sogenannte »*Ausflipp-Regel*«)! Wenn Sie sich gerade nicht in der Lage fühlen, ein besonders schmerzvolles Ereignis anzugehen, dann wählen Sie ein anderes Thema für Ihr Schreiben. PENNEBAKER (2010) empfiehlt überdies, »schlafende Hunde ruhen zu lassen«: Wenn Sie den Eindruck haben, dass schwierige Erfahrungen in Ihrem Leben für Ihre Gegenwart nicht bedeutend sind, Sie nicht häufig daran denken müssen oder sich diesen verhaftet fühlen, dann schreiben Sie nicht darüber!

◻ Schreiben Sie *nicht, wenn Sie sich gerade depressiv fühlen.* In trauriger Stimmung wird es aller Voraussicht nach nicht gelingen, sich tatsächlich auf eine neugierige und wertschätzende Art mit seinen Themen auseinanderzusetzen – und niedergeschriebene Grübeleien helfen Ihnen nicht weiter!

Wenn Sie sich mit den Rahmenbedingungen vertraut gemacht haben, geht es noch darum, die Perspektive des Schreibens zu klären. Sie können einfach gucken, wo das Schreiben Sie hinführt. Sie können aber auch versuchen, das Erlebte aus verschiedenen Perspektiven zu betrachten. Hierfür können Sie die folgenden Hinweise nutzen (PENNEBAKER 2010):

Schreiben Sie *am ersten Tag* über das Ereignis selbst und darüber, wie Sie sich in der Situation fühlten und was Sie gedacht haben. Schreiben Sie auch, wie Sie sich heute fühlen, wenn Sie über das Ereignis nachdenken. Versuchen Sie wirklich, Ihren Gedanken und Gefühlen auf den Grund zu gehen und rückhaltlos aufzuschreiben, wie es Ihnen in der Situation ging und wie es Ihnen heute geht. Explorieren Sie neugierig Ihre tiefsten Empfindungen zu dem Erlebten.

Versuchen Sie *am zweiten oder dritten Tag*, das belastende, schwierige oder verunsichernde Ereignis zu anderen Bereichen in Ihrem Leben in Bezug zu setzen – z. B. zu Ihren Beziehungen zu Freunden und Verwandten, zu Ihrer Arbeit, zu der Art, wie Sie über Ihre Vergangenheit denken. Wie beeinflusst das Ereignis oder Ihr Umgang damit Ihr heutiges Leben?

Gehen Sie *am vierten Tag* schließlich dem Einfluss des Ereignisses auf Sie als Person nach: Wie hat das Ereignis Ihr Leben geprägt? Wie prägt es Sie heute? Wie hat es zu dem beigetragen, wie Sie heute sind? Inwiefern ist das Ereignis möglicherweise charakteristisch für Sie und Ihr Leben?

Ganz wichtig ist, dass Sie wirklich offen und ehrlich mit sich sind – egal, unter welcher Perspektive Sie sich dem Ereignis gerade annähern. Das Schreiben ist eine gute Gelegenheit, Gedanken und Gefühle zu äußern, die Sie sich möglicherweise nicht trauen, jemand anderem zu erzählen. Sie schreiben nur für sich.

Verzichten Sie darauf, sich für das Ereignis oder Ihren Umgang damit anzuklagen, sondern setzen Sie sich neugierig mit Ihren Empfindungen auseinander. Wenn es Sie interessiert, können Sie bei PENNEBAKER (2010) noch weitere Hinweise zum Schreiben sowie diverse Ideen für Variationen des Schreibprozesses finden.

■■■ Über persönliche Ziele schreiben

Ein wichtiger Grund, warum Personen immer wieder ins Grübeln geraten, besteht nach Ansicht verschiedener Forscher darin, dass unrealistische, nicht zu verwirklichende Ziele nicht erreicht, aber auch nicht aufgegeben werden. Ein anderer Grund kann sein, dass man nicht genau weiß, was man möchte, verschiedene Ziele also im Konflikt miteinander stehen. Es fällt beispielsweise schwer, eine Trennung zu überwinden, man möchte von allen gemocht werden, ein Kinderwunsch bleibt unerfüllt, man möchte wieder zu seinem alten Arbeitsteam gehören oder man möchte sowohl Karriere machen als auch treusorgender Familienvater sein. In Bezug auf Dinge, die in der Vergangenheit liegen, kann das expressive Schreiben eine gute Hilfe sein. Wenn man hingegen unsicher ist, wie man sich bezüglich zukünftiger Veränderungen entscheiden soll, oder grundsätzlich nicht so richtig weiß, was man eigentlich will, dann kann eine Variation des expressiven Schreibens sinnvoll sein: Schreiben Sie in diesem Fall über Ihre persönlichen Ziele.

Beim Schreiben über Ziele sollten Sie genauso vorgehen wie beim expressiven Schreiben: Sie schreiben an vier aufeinanderfolgenden Tagen für mindestens 20 Minuten, Sie schreiben nur für sich und Sie bemühen sich darum, ehrlich und offen zu sein

– aber: Sie schreiben eben nicht über belastende Erlebnisse aus der Vergangenheit, sondern über Wünsche und Ziele für die Zukunft. Wiederum kann es hilfreich sein, sich an den verschiedenen Schreibtagen aus unterschiedlicher Perspektive über die eigenen Ziele und Wünsche klarer zu werden. In einer eigenen Untersuchung zum Thema (TEISMANN u. a. 2013) baten wir die Studienteilnehmenden, sich ausgehend von den folgenden Instruktionen mit ihren Zielen auseinanderzusetzen:

»Stellen Sie sich vor, es ist Ihr 75. Geburtstag. Alles in Ihrem Leben ist gut gelaufen. Sie haben all Ihre Ziele erreicht und Ihre Träume sind wahr geworden. Schreiben Sie bitte auf, was Ihre Gäste über Sie und Ihr Leben berichten sollen.«

»Stellen Sie sich vor, wir treffen uns in fünf Jahren wieder. Alles ist in dieser Zeit gut gelaufen. Wo treffen wir uns wieder? Was machen Sie? Was haben Sie in den vergangenen fünf Jahren gemacht?«

»Stellen Sie sich vor, Sie haben eine Million Euro gewonnen, die Sie innerhalb von einem Jahr ausgeben müssen. Schreiben Sie auf, welche Dinge bzw. Erfahrungen Ihnen so wichtig sind, dass Sie Ihr Geld dafür nutzen wollen.«

Natürlich können Sie sich auch auf der Basis anderer Fragen mit Ihren Zielen beschäftigen. Beispielsweise können Sie statt des 75. Geburtstags auch den 100. Geburtstag wählen, oder Sie stellen sich vor, Sie könnten belauschen, was Menschen bei Ihrer Beerdigung Tolles über Sie erzählen. Für manche sind fünf Jahre auch ein zu kurzer Abstand, um mit relevanten Zielen und Werten in Kontakt zu kommen. Dann stellen Sie sich vor, dass wir uns in zehn Jahren wieder treffen usw.

Grundsätzlich ist das Schreiben über Ziele deutlich seltener untersucht worden als das Schreiben über belastende Erlebnisse. Die vorliegenden Studienergebnisse sind aber ermutigend. Laura KING (2001) konnte in der ersten Untersuchung hierzu beispielsweise zeigen, dass das Schreiben über persönliche Ziele zu einer Zunahme persönlichen Wohlbefindens führte und – wie das expressive Schreiben – mit einer Abnahme von Arztbesuchen einherging. Gleichzeitig wurde das Schreiben über Ziele von den Studienteilnehmern als deutlich weniger belastend erlebt als das Schreiben über traumatische Erfahrungen. Im Rahmen unserer Studie zeigte sich, dass die Personen, die über Ziele schrieben, nicht nur einen Rückgang des Grübelns erlebten, sondern zudem weniger gestresst waren. So wiesen sie geringere Stresshormonwerte (Cortisol) auf als die Studienteilnehmenden, die über ein Kontrollthema schrieben.

Üben, üben, üben

Sie haben nun verschiedene Strategien kennengelernt und ausprobiert, die Ihnen dabei helfen, mit dem Grübeln aufzuhören bzw. sich gar nicht erst in Grübeleien zu verstricken. Viele der Strategien bedürfen der fortgesetzten Übung, damit sie effektiv sind. Erwarten Sie also nicht, dass Sie von nun an jedes Grübeln hinter sich gelassen haben. Vielmehr sollten Sie versuchen, die Strategien, die Ihnen am meisten geholfen haben, in Ihren Alltag zu integrieren, auch wenn Sie das Buch schon durchgelesen und beiseitegelegt haben. Bedenken Sie dabei, dass Ablenkungsstrategien von Zeit zu Zeit variiert werden müssen, um wirksam zu bleiben. Aktivitäten, die Sie ohne viel Aufmerksamkeit ausüben können, helfen nicht gegen das Grübeln!

In der Abbildung finden Sie eine ultrakurze Zusammenfassung unseres Behandlungsprogramms. Das Diagramm stellt eine strukturierte Anleitung zum Umgang mit Grübeleien dar und kann Ihnen als Erinnerungshilfe dienen. Ausgehend von vier Fragen, mit denen Sie sich beim Auftreten von Grübeleien beschäftigen sollten, sind die verschiedenen Strategien, die Sie kennengelernt haben, noch mal auf einen Blick zusammengestellt.

Grübelentscheidungsdiagramm (Teismann u. a. 2012, S. 178)

Frage 1: Grüble ich?

→ Zwei-Minuten-Regel nutzen

Frage 2: Worüber grüble ich?

Frage 3: Verspreche ich mir etwas vom Grübeln? Erfüllt das Grübeln dieses Versprechen?

Frage 4: Kann und möchte ich mich jetzt mit dem Grübelthema auseinandersetzen?

→ Aufmerksamkeit auf den gegenwärtigen Moment richten*, Ablenkung, Aktivität, Akzeptanz, Achtsame Distanzierung (Gedanken vorbeiziehen lassen), Grübelaufschub & Grübelzeiten

→ Problemlösungen erarbeiten, bewerten, auswählen und umsetzen; Expressives Schreiben (mindestens vier Tage à 20 Minuten)

* Aufmerksamkeitstraining (ATT) regelmäßig üben

Wie eingangs schon erwähnt, wurden sämtliche hier beschriebenen Methoden von uns im Rahmen eines Gruppenprogramms zur Behandlung depressiver Störungen verwendet und innerhalb einer Therapiestudie auf ihre Wirksamkeit hin überprüft (TEISMANN u. a. 2012; TEISMANN u. a. 2014). Für die Studie haben wir die Behandlung solchen Menschen angeboten, die in ihrem Leben schon ein- oder mehrmals an einer depressiven Episode erkrankt waren, zum gegenwärtigen Zeitpunkt aber nur unter einer leichten depressiven Symptomatik litten. Auf die Behandlung aufmerksam gemacht wurden die Teilnehmerinnen und Teilnehmer durch Zeitungs- und Internetbeiträge. In einem Telefonat wurde vorab geklärt, ob wir den Interessenten die Teilnahme empfehlen würden. Von der Teilnahme abgeraten haben wir vor allem denen, die nicht nur durch Grübeln und Depression, sondern zusätzlich durch andere Schwierigkeiten und weitere psychische Erkrankungen belastet waren.

Insgesamt nahmen 60 Personen an der Studie teil, 43 Frauen und 17 Männer. Die Teilnehmenden unterschieden sich nicht nur im Alter (21 bis 65 Jahre) und in der Dauer ihrer Erkrankung (eine depressive Episode bis zwölf depressive Episoden) stark voneinander, sondern sie gehörten auch hinsichtlich ihrer beruflichen Beschäftigung allen Schichten der Bevölkerung an: von der Studentin zum pensionierten Polizeibeamten, vom Manager zum Gärtner, von der Kirchenmusikerin zur Hausfrau usw.

Um auszuschließen, dass Veränderungen im Vorher-nachher-Vergleich allein durch das Vergehen von Zeit oder durch Veränderungen der Jahreszeiten verursacht wurden, gab es zwei Behandlungsgruppen, denen die Teilnehmenden per Los zugeteil wurden: Die eine Gruppe wurde sofort behandelt; die andere Gruppe wartete währenddessen auf die Therapie (man nennt dies in der Wissenschaft »Wartekontrollgruppe«). Veränderungen über die Zeit oder durch jahreszeitlichen Wechsel müssten sich in der Wartekontrollgruppe genauso zeigen wie in der Behandlungsgruppe. Sollte die Verbesserung des Befindens der Behandlungsgruppe höher ausfallen als etwaige Verbesserungen der Wartekontrollgruppe, kann man also sicher sein, dass diese Verbesserungen durch die Therapie verursacht wurden und nicht »einfach so« oder »durch Abwarten« entstanden sind.

Die Behandlung selbst umfasste elf wöchentliche Gruppensitzungen mit einer durchschnittlichen Dauer von 90 Minuten. An einer Gruppe nahmen jeweils vier bis neun Personen teil. Inhaltlich wurden genau die Themen behandelt, die auch in diesem Buch vorgestellt werden: Zunächst wurde die Bedeutung depressiven Grübelns für den Verlauf depressiver Störungen herausgearbeitet, dann wurde das metakognitive Modell depressiven Grübelns vermittelt und die Patientinnen und Patienten begannen, das Aufmerksamkeitstraining zu absolvieren. Es folgte die Auseinandersetzung mit Strategien zur Kontrolle depressiven Grübelns, und die Teilnehmenden übten – u. a. mit der Übung »Blätter im Fluss« –, Gedanken als Gedanken zu begreifen und sich von aufdringlichen Gedanken nicht provozieren zu lassen. Sie hinterfragten die Versprechungen des Grübelns, beschäftigten sich mit strukturiertem Problemlösen und probierten die Methode des expressiven Schreibens aus. Zusätzlich wurde mit den Teilnehmenden – im Sinne der Vorbeugung von Rückfällen – der Umgang mit wiederauftretenden Depressionssymptomen besprochen.

Damit wir Veränderungen durch die Therapie erfassen konnten, wurden die Teilnehmenden zu Beginn und zum Abschluss der Behandlung bzw. zu Beginn und zum Ende der Wartezeit gebeten, eine Reihe von Fragebögen auszufüllen (und an einzelnen Experimenten teilzunehmen). Genauer: Den Teilnehmenden wurden Fragebögen zur Erfassung depressiver Symptomatik, depressiven Grübelns sowie positiver und negativer Metakognitionen vorgelegt. Einige Fragen daraus kennen Sie schon (siehe S. 12). Zusätzlich wurden alle Teilnehmenden drei, sechs und zwölf Monate nach Ende der Behandlung angerufen und am Telefon nochmals bezüglich ihres Befindens befragt. Die Ergebnisse erwiesen sich insgesamt als sehr positiv. Den meisten Teilnehmenden der Behandlungsgruppe ging es nach der Therapie besser, und es ging ihnen gleichzeitig besser als denjenigen in der Wartekontrollgruppe.

In der Abbildung auf S. 131 ist das Ausmaß der Veränderung als Effektstärke dargestellt. Die Effektstärke ist ein standardisiertes statistisches Maß, das die Größe eines Effektes angibt. Ein Effekt kann beispielsweise eine Veränderung im Erleben sein, also z. B. wenn jemand nach der Teilnahme an der Behandlungsgruppe angibt, statt der anfänglichen 0–20 Prozent habe er nun 60–80 Prozent Kontrolle über das Grübeln. Die Umrechnung einer Veränderung in eine Effektstärke macht es möglich, die Ergebnisse verschiedener Fragebögen direkt miteinander zu vergleichen. Effektstärken, die größer sind als 0.80, verweisen auf eine sehr starke Veränderung. Effektstärken von weniger als 0.50 verweisen auf minimale Veränderungen.

Leicht lässt sich sehen, dass es durch die Behandlung zu sehr deutlichen Veränderungen kam, während in der Wartezeit nur geringfügige Verbesserungen der depressiven Symptomatik und der Grübelneigung zu beobachten waren. Die Teilnehmerinnen und Teilnehmer am Behandlungsprogramm fühlten sich weniger depressiv, grübelten weniger, erlebten mehr Kontrolle über das Grübeln und versprachen sich am Ende der Behandlung weniger vom Grübeln als die Personen, die noch auf die Behandlung warteten. Die Zufriedenheit mit den einzelnen Gruppensitzungen wurde sehr hoch eingeschätzt und zum Ende der Behandlung berichteten die Teilnehmenden, dass sie von der Behandlung gut profitiert hätten und ihre Erwartungen erfüllt wurden. 60 Prozent der Teilnehmenden erlebten eine mindestens 50-prozentige Reduktion ihrer Beschwerden und drei Viertel von ihnen blieben über den Nachuntersuchungszeitraum von einem Jahr beschwerdefrei.

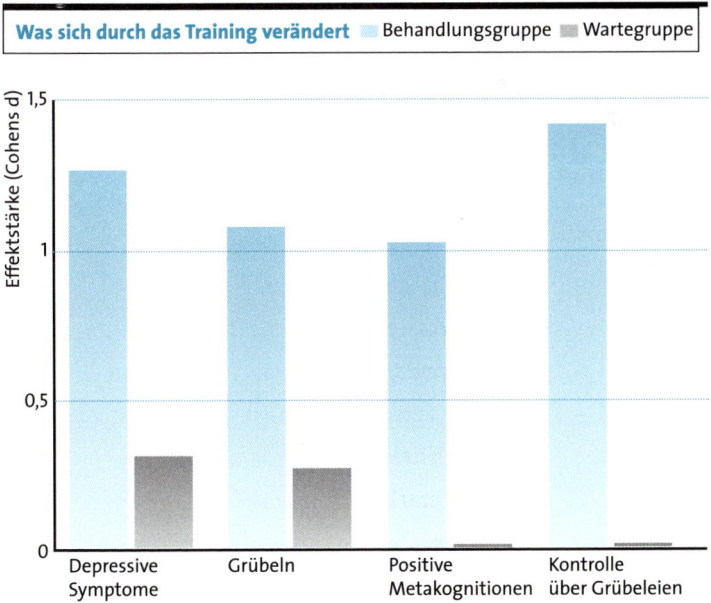

Wir würden uns freuen, wenn Ihnen die Lektüre und die Übungen in gleichem Maße dabei helfen, weniger zu grübeln bzw. mehr Kontrolle über Ihr Grübeln zu erlangen.

ADDIS, M.E. & MARTELL, C.R. (2004): Overcoming depression one step at a time: The new behavioral activation approach to getting your life back. New York.

BOWER, G.H. (1981): Mood and memory. American Psychologist, 36, 129–148.

BROSSCHOT, J.F.; GERIN, W. & THAYER, J.F. (2006): The perseverative cognition hypothesis: a review of worry, prolonged stress-related physiological activation, and health. Journal of Psychosomatic Research, 60, 113–124.

BROSSCHOT, J.F. & VAN DER DOEF, M.P. (2006): Daily worrying and somatic health complaints: Testing the effectiveness of a simple worry reduction intervention. Psychology & Health, 21, 19–31.

COX, S.J.; MEZULIS, A.H. & HYDE, J.S. (2010): The influence of child gender role and maternal feedback to child stress on the emergence of the gender difference in depressive rumination in adolescence. Development Psychology, 46, 842–852.

DEVOULYTE, K. & SULLIVAN, M.J.L. (2003): Pain catastrophizing and symptom severity during upper respiratory tract illness. The Clinical Journal of Pain, 19, 125–133.

EHRING, T.; ZETSCHE, U.; WEIDACKER, K.; WAHL, K.; SCHÖNFELD, S. & EHLERS, A. (2011): The Perseverative Thinking Questionnaire (PTQ): Validation of a contend-independent measure of repetitive negative thinking. Journal of Behavior Therapy and Experimental Psychiatry, 42, 225–232.

FRATTAROLI, J. (2006): Experimental disclosure and its moderators: A meta-analysis. Psychological Bulletin, 132, 823–865.

FRICKE, S. & HAND, I. (2013): Zwangsstörungen verstehen und bewältigen. Köln.

GIGERENZER, G. (2008): Bauchentscheidungen. Die Intelligenz des Unbewussten und die Macht der Intuition. München.

HAYES, S.C. (2007): In Abstand zur inneren Wortmaschine: Ein Selbsthilfe- und Therapiebegleitbuch auf der Grundlage der Akzeptanz- und Commitment-Therapie (ACT). Tübingen.

JOHNSON, D.P.; WHISMAN, M.A.; CORLEY, R.P.; HEWITT, J.K.; FRIEDMAN, N.P. (2014): Genetic and environmental influences on rumination and its covariation with depression. Cognition and Emotion, 28, 1270–1286.

JOORMANN, J. (2005): Inhibition, rumination and mood regulation in depression. In: R.W. ENGEL, G. SEDEK, U. VON HECKER & D.N. MCINTOSH (Hg.): Cognitive limitations in aging and psychopathology: Attention, working memory, and executive functions. Cambridge, 275–312.

KABAT-ZINN, J. (1990): Full catastrophe living: The program of the Stress Reduction Clinic at the University of Massachusetts Medical Center. New York.

KILLINGSWORTH, M.A. & GILBERT, D.T. (2010): A wandering mind is an unhappy mind. Science, 330, 932.

KING, L.A. (2001): The health benefits of writing about life goals. Personality and Social Psychology Bulletin, 27, 798–807.

KNOWLES, M.M.; FODEN, P.; EL-DEREDY, W.; WELLS, A. (2016): A systematic review of the attention training technique in clinical and non-clinical samples. Journal of Clinical Psychology, 72, 999–1025.

KOSTER, E. H. W.; DE LISSNYDER, E.; DERAKSHAN, N. & DE RAEDT, R. (2011). Understanding depressive rumination from a cognitive science perspective: the impaired disengagement hypothesis. Clinical Psychology Review, 31, 138–145.

KÜHN, S.; VANDERHASSELT, M.A.; DE RAADT, R. & GALLINAT, J. (2012): Why ruminators won't stop: The structural and resting state correlates of rumination and its relation to depression. Journal of Affective Disorders, 141, 352–360.

LYUBOMIRSKY, S. & NOLEN-HOEKSEMA, S. (1993): Self-perpetuating properties of dysphoric rumination. Journal of Personality and Social Psychology, 65, 339–349.

LYUBOMIRSKY, S. & NOLEN-HOEKSEMA, S. (1995): Effects of self-focused rumination on negative thinking and interpersonal problem solving. Journal of Personality and Social Psychology, 69, 176–190.

LYUBOMIRSKY, S.; CALDWELL, N.D. & NOLEN-HOEKSEMA, S. (1998): Effects of ruminative and distracting responses to depressed mood on retrival of autobiographical memories. Journal of Personality and Social Psychology, 75, 166–177.

LYUBOMIRSKY, S.; KASRI, F.; CHANG, O. & CHUNG, I. (2006): Ruminative response styles and delay of seeking diagnosis for breast cancer symptoms. Journal of Social and Clinical Psychology, 25, 276–304.

McCULLOUGH, M.E.; BONO, G. & ROOT, L.M. (2007): Rumination, emotion and forgiveness: three longitudinal studies. Journal of Personality and Social Psychology, 92, 490–505.

MICHALAK, J.; HEIDENREICH, T.; WILLIAMS, J.M.G. & MEIBERT, P. (2012): Achtsamkeitsübungen für die klinische Praxis und den Alltag (Audio-CD). Göttingen.

MORROW, J. & NOLEN-HOEKSEMA, S. (1990): Effects of responses to depression on the remediation of depressive affect. Journal of Personality and Social Psychology, 58, 519–527.

NOLEN-HOEKSEMA, S. (2006): Warum Frauen zu viel denken. München.

NOLEN-HOEKSEMA, S. & MORROW, J. (1991): A prospective study of depression and posttraumatic stress symptoms after a natural desaster: The 1989 Loma Prieta earthquake. Journal of Personality and Social Psychology, 61, 115–121.

NOLEN-HOEKSEMA, S.; STICE, E.; WADE, E. & BOHON, C. (2007): Reciprocal relations between rumination and bulimic, substance abuse, and depressive symptoms in female adolescents. Journal of Abnormal Psychology, 116, 198–207.

PENNEBAKER, J.W. (2001): Sag, was dich bedrückt: Die befreiende Kraft des Redens. Düsseldorf.

PENNEBAKER, J.W. (2010): Heilung durch Schreiben. Bern.

PENNEBAKER, J.W. & BEALL, S.K. (1986): Confronting a traumatic event: Towards an understanding of inhibition and disease. Journal of Abnormal Psychology, 95, 274–281.

PENNEBAKER, J.W.; KIECOLT-GLASER, J.K. & GLASER, R. (1988): Disclosure of trauma and immune function: Health implications for psychotherapy. Journal of Consulting and Clinical Psychology, 56, 239–245.

ROBINSON, M.S. & ALLOY, L.B. (2003): Negative Cognitive Styles and Stress-Reactive Rumination Interact to Predict Depression: A Prospective Study. Cognitive Therapy and Research, 27, 275–292.

ROESE, N. (2007): Ach hätt' ich doch. Frankfurt a.M.

ROSE, A.J. (2002): Co-Rumination in the friendships of girls and boys. Child Development, 73, 1830–1843.

SIMONS, M. (2014): Metakognitive Therapie. In: O. KUNZ & T.

TEISMANN (Hg.): Moderne Ansätze in der Depressionsbehandlung. Tübingen.

SLAGTER, H.E.; LUTZ, A.; GREISCHAR, L.L.; FRANCIS, A.D.; NIEUWENHUIS, S.; DAVIS, J.M. & Davidson, R.J. (2007): Mental training affects distribution of limited brain resources. PLosBiology, 5, 1228–1235.

TEISMANN, T.; HANNING, S.; VON BRACHEL, R. & WILLUTZKI, U. (2012): Kognitive Verhaltenstherapie depressiven Grübelns. Berlin.

TEISMANN, T.; HET, S.; GRILLENBERGER, M.; WILLUTZKI, U. & WOLF, O.T. (2013): Writing about life goals: Effects on rumination, mood and the Cortisol Awakening Response. Journal of Health Psychology, doi: 10.1177/1359105313490774.

TEISMANN, T.; VON BRACHEL, R.; HANNING, S.; GRILLENBERGER, M.; HEBERMEHL, L.; HORNSTEIN, I. & WILLUTZKI, U. (2014): A randomized controlled trial on the effectiveness of a rumination-focused group treatment for residual depression. Psychotherapy Research, 24, S. 80–90.

TREYNOR, W.; GONZALEZ, R. & NOLEN-HOEKSEMA, S. (2003): Rumination reconsidered: A psychometric analysis. Cognitive Therapy and Research, 27, 247–259.

VAITL, D. (2012): Meditation: Neurobiologische Grundlagen und klinische Anwendung. Stuttgart.

WATKINS, E. (2016). Rumination-focused cognitive-behavioral therapy for depression. New York: Guilford Press.

WATKINS, E. & BARACAIA, S. (2001): Why do people ruminate in dysphoric moods? Personality and Individual Differences, 30, 723–734.

WATKINS, E. & BARACAIA, S. (2002): Rumination and social problem-solving in depression. Behaviour Research and Therapy, 40, 1179–1189.

WATKINS, E. & MOULDS, M. (2005): Distinct modes of ruminative self-focus: Impact of abstract versus concrete rumination on problem solving in depression. Emotion, 5, 319–328.

WEGNER, D.M.; WENZLAFF, R.M. & KOZAK, M. (2004): Dream rebound. The return of suppressed thoughts in dreams. Psychological Science, 15, 232–236.

WELLS, A. (2011): Metakognitive Therapie bei Angststörungen und Depression. Weinheim.